LOTHAR KROMBHOLZ
FRÜHE HAUSUHREN MIT GEWICHTSANTRIEB

BIBLIOTHEK FÜR KUNST- UND ANTIQUITÄTENFREUNDE

BAND LVIII

EIN HANDBUCH FÜR SAMMLER UND LIEBHABER

LOTHAR KROMBHOLZ

FRÜHE HAUSUHREN MIT GEWICHTSANTRIEB

Der Beginn der mechanischen Zeitmessung

KLINKHARDT & BIERMANN · MÜNCHEN

CIP-Kurztitelaufnahme der Deutschen Bibliothek

Krombholz, Lothar: Frühe Hausuhren mit Gewichtsantrieb :
d. Beginn d. mechan. Zeitmessung ;
e. Handbuch für Sammler u. Liebhaber / Lothar Krombholz. –
München: Klinkhardt & Biermann, 1984
(Bibliothek für Kunst- und Antiquitätenfreunde, Bd. 58)
ISBN 3-7814-0232-0

© 1984 Klinkhardt & Biermann Verlagsbuchhandlung GmbH, München
Alle Rechte, auch diejenigen der Übersetzung, der photomechanischen
Wiedergabe und des auszugsweisen Abdrucks, vorbehalten

Umschlaggestaltung: Evi und Hansjörg Langenfass, Ismaning
Layout und Herstellung: Friderun Thiel, Ismaning

Offsetreproduktionen: FBS Fotolithos, Martinsried
Satz, Druck und Bindearbeiten: Friedrich Pustet, Regensburg
Printed in Germany

Inhalt

Vorwort

Jahrzehntelange Beschäftigung mit der Entwicklung, Ausbreitung und Verfeinerung der mechanischen Räderuhren hat mich schon vor etwa 20 Jahren dazu geführt, den ganz frühen Ausführungen von Räderuhren nachzuspüren, um die Art und Weise, wie dieselben sehr unerwartet – ohne ein Anknüpfen an logische Vorstufen zu zeigen – plötzlich entstanden sind.

Damals habe ich mich mit einigen Freunden dazu entschlossen, Material aus der Frühzeit der Räderuhren zu sammeln, um auf die ungeklärten Anfänge der Hausuhr schließen zu können. Es war uns klar, daß es zwei Entwicklungsrichtungen waren, die, nachdem ganz einfache mechanische Systeme zum Ersatz der Wasseruhren in den Klöstern aufgefunden worden waren, nun einen Umsatz in die breite Achse ergaben, nämlich auf der einen Seite, um die Astronomen zu befriedigen und ihnen ein täglich umlaufendes Fixsternblatt zu bieten, und auf der anderen Seite die ganzen Mängel und Störungen und Behinderungen der klösterlichen Wasseruhren auszuschalten. Es war eine Gruppe von Fragen: Wie und wann und wo sind die allerersten Räderuhren entstanden und wie haben sie ausgesehen? Zunächst wurden diese Fragen mit Herrn Konrad Kellenberger in Winterthur öfters erörtert, der ein besonderes Interesse an den frühen schweizerischen eisernen Wanduhren gezeigt und auf diesem Gebiet speziell über die gesamte bedeutsame Meisterfamilie Liechti vielerlei Aufklärung zustande gebracht hat. Der zweite Freund, mit dem ich die aufgeworfenen Fragen oft besprochen habe, war H. Allan Lloyd aus Limpsfield, der sich vor allem mit den frühen englischen eisernen Uhren beschäftigt hat, und so kam es zu dem Beschluß, mit dem österreichischen Sammler, Herrn Dr. Paul Kuppelwieser, der eine Reihe von österreichischen alpenländischen eisernen Uhren und Uhrenresten gesammelt hat, bei einer Tagung zusammenzukommen und die aufgeworfene Problematik näher zu besprechen. H. A. Lloyd hat vor etwa 20 Jahren einen kurzen Bericht über die Salzburger Tagung im wesentlichen über die gotischen eisernen Wanduhren gemacht, doch war uns damals schon klar: es ist notwendig, möglichst viel Material aus der frühen Zeit, also aus der Zeit zwischen 1300 und 1550, zusammenzutragen, um dann daraus weitere Schlüsse ziehen zu können.

Im weiteren Verlauf ist es vor allem durch Hilfe von Konrad Kellenberger gelungen, zahlreiches ausgezeichnetes, unveröffentlichtes Material zu sammeln. Leider ist Kellenberger inzwischen verstorben, so daß es nicht möglich war, den geplanten Bericht gemeinsam mit ihm zu verfassen. Das gleiche trifft auch für H. A. Lloyd zu. So fügte es sich besonders gut, daß der Verfasser des vorliegenden Buches, Herr Prof. Lothar Krombholz, sich an mich wandte, um Rat auf dem Gebiet der geschichtlichen Entwicklung der Zeitmessung zu erhalten. Ich habe ihm daraufhin gerne die bereits vorhandenen Fotos zur Verfügung gestellt, zusammen mit den von uns teilweise ausgearbeiteten Bildunterschriften, und habe ihm empfohlen, sich intensiv mit der Sammlung von frühem Material sowohl zu ausgeführten Uhren als auch an graphischen Darstellungen zu beschäftigen. Als Ergebnis dieses Ratschlages hat der Verfasser zusätzlich viele interessante und noch nicht veröffentlichte Belege aufspüren und zuordnen können, die ihn zugleich zu einer Reihe neuer Erkenntnisse hinsichtlich der Weiterentwicklung aus den einfachen Anfängen führten. Die vielen aufschlußreichen Bilder und die guten Folgerungen, die der Verfasser gezogen hat, machen das interessante Gebiet der frühen Hausuhren, deren Gewichtsgetriebe die Vorstufen für viele spätere Uhren gebildet haben, überschaubar. Die vorhandene Literatur findet mit seinem Buch eine wichtige Ergänzung. Es wird der künftigen Forschung im Bereich der Uhrengeschichte mancherlei Anregungen vermitteln können.

Frühjahr 1984   Hans von Bertele

Einleitung

Über die Frühzeit der Räderuhren ist wenig geordnetes Wissen vorhanden: Wie, wann und wo sind sie entstanden und wie verlief ihre Entwicklung? Je weiter man zurückgeht, umso spärlicher sind unsere Kenntnisse. Besonders spärlich und gleichzeitig problematisch ist unser Wissen über die frühen Hausuhren des 14., 15. und des beginnenden 16. Jahrhunderts. In dem hier betrachteten Zeitraum von etwa 1300 bis 1530 ist der Großteil der für Wohn- oder Aufenthaltsräume bestimmten Uhren gewichtsgetrieben und an einer Wand angebracht; nur wenige Werke sind auf freistehenden Postamenten (Säulenuhren) aufgestellt. Für diese gewichtsgetriebenen Uhren von recht einheitlichem Typus erscheint der Begriff »Hausuhr« zur Abgrenzung gegen die Großuhren (Monumentaluhren), wie sie in Kirchen, an Türmen oder öffentlichen Gebäuden Verwendung fanden, möglich und gerechtfertigt, wenn sich auch um die Mitte des 16. Jahrhunderts die Form und der Typenreichtum der für Wohn- und Aufenthaltsräume bestimmten Uhren rasch ausweitet. Immerhin bleibt doch der ältere Hausuhrentypus noch lange, wenngleich mit verschiedenen äußerlichen modischen Stilanpassungen, das Konzept für viele ländliche und bürgerliche Gebrauchsuhren.

So sollen unter »früh« im wesentlichen jene Uhren verstanden sein, die Züge, die für das 14. und 15. Jahrhundert charakteristisch sind, aufweisen. Züge, die allerdings auch im 16. Jahrhundert noch vielfach weiterbestehen und erst im 17. Jahrhundert dann ausliefen oder grundlegend modifiziert wurden. Die im 16. Jahrhundert sehr intensiv einsetzende Entwicklung neuer Formen und Prinzipien für federgetriebene Hausuhren, die wesentlich besser bekannt und erforscht ist, soll hier nicht behandelt werden.

Vorangestellt sei, daß die Betrachtungsweise der Uhren der frühen Zeit ganz anders ausgerichtet sein muß als die der späteren. Wenn man die Gesichtspunkte, die heute für Renaissanceuhren oder für das 18. oder gar das 19. Jahrhundert gelten, auf die frühen Uhren anwenden wollte, dann müßte man das ganze Gebiet kurzerhand als roh, primitiv oder gar barbarisch abtun, was auch gelegentlich – allerdings sehr zu Unrecht – geschieht. Man muß sich jedoch vor Augen halten, daß in dieser Zeit zwar einfache, aber elementare und grundsätzliche Aufgaben zu lösen waren, auf denen aufbauend sich dann erst die späteren Vervollkommnungen im Detail ergaben.

Unter solchen Voraussetzungen wird die an die Spitze gestellte Frage nicht mehr trivial erscheinen: Wie haben eigentlich die frühen Hausuhren ausgesehen? Diese Frage drängt sich jedem auf, der die wenigen in Museen und öffentlichen Sammlungen ausgestellten oder in der Literatur beschriebenen Stücke etwas kritischer unter die Lupe nimmt. Leider sind nämlich fast alle frühen Uhren, denen man begegnet, entweder unvollständig oder recht unbefriedigend ergänzt. Außerdem wirkt es sehr verwirrend, daß trotz einfachster und sehr nahe verwandter Mechanismen Aufbau und Ausführung auf mehrere, stark verschieden anmutende Entwicklungsquellen und Richtungen hinweisen.

So spaltet sich die oben gestellte einfache Frage sofort in mehrere Unterfragen auf:

a) Welches sind die charakteristischen Formen?
b) Wie viele parallele Richtungen gab es?
c) Welche zeitlichen und örtlichen Hauptmerkmale kann man dabei eruieren?
d) Welche Details in Mechanismus und Dekor sind für die verschiedenen Gruppen kennzeichnend?
e) Wohin soll man die Quellen der Entwicklung legen, und wo ist der Ursprung der Räderuhr selbst zu suchen?

Bei einer solchen Fragenaufspaltung ist es klar, daß eine einigermaßen befriedigende Beantwortung nur aus einer kritischen Gegenüberstellung einer möglichst großen Anzahl von möglichst authentischen Exemplaren zu erwarten ist.

Prof. Dr. Hans von Bertele hat im Laufe der vergangenen zwei Jahrzehnte öfters mit K. Kellenberger, Winterthur, den vorher erwähnten Fragenkomplex eingehend erörtert. Ihre Arbeiten und die Ergebnisse einer Tagung in Salzburg im Jahre 1961 brachten eine gewisse Klärung.

Die Bearbeitung und Einteilung dieser frühen Uhren wird jedoch durch folgende Probleme erschwert:

1. Durch die große Unsicherheit über das wirkliche Aussehen der ursprünglichen Zifferblätter, da diese fast sämtlich fehlten;

2. durch die Erkenntnis, daß solche eisernen Uhren in verschiedenen Teilen Europas gebaut worden waren;

3. durch die schwierige Feststellung dessen, was wirklich originale, zeitcharakteristische Baumerkmale für die einzelnen Epochen und Gebiete sind, weil eine große Zahl von Ergänzungen, Restaurierungen, ja komplette Fälschungen im Umlauf sind, die wegen des leichten Rostens des Eisens nach

einigen Jahrzehnten jede Altersbestimmung sehr erschweren oder vielfach auch unmöglich machen, und schließlich

4. durch ein großes Unbehagen bezüglich jedes Datierungsversuches, da bis zum Ende des 15. Jahrhunderts keinerlei Jahreszahlen oder Meisterzeichen verwendet wurden und diese Uhren oft sehr lange ziemlich unverändert gebaut wurden.

Eine wesentliche Hilfe bei der Bearbeitung der frühen Hausuhren sind die zeitgenössischen Darstellungen. So wurde zur Erweiterung und Fundierung der bereits gewonnenen Erkenntnisse eine Sammlung solcher Abbildungen bis etwa 1550 angelegt. Da in der letzten Zeit sehr viele frühe Darstellungen gefunden wurden, ist es aus Platzmangel nicht möglich, alle zu reproduzieren. Erwähnt werden muß, daß aus dem deutschen und österreichischen Raum weit weniger Material zur Verfügung steht und dieses auch weniger durchforscht ist, so daß zwangsläufig Darstellungen aus dem französischen und italienischen Raum überwiegen. Es kann jedoch als sicher angenommen werden, daß in Zukunft viele, noch unentdeckte Uhrendarstellungen gefunden und somit auch bei Sichtung österreichischer Bibliotheken einige den österreichisch-deutschen Raum betreffende interessante frühe Beispiele zutage kommen werden.

Auch diverse Berichte von Stadtverwaltungen, Gerichtsbeschlüsse, Inventarlisten, Aufstellungen von Hinterlassenschaften usw. sind eine unentbehrliche Informationsquelle. So wissen wir zum Beispiel, daß zahlreiche Schweizer Stadtverwaltungen gegen Ende des 14. Jahrhunderts Uhren in Auftrag gaben, etliche Würdenträger und Adelsfamilien sind uns namentlich als Besitzer eigener Zimmeruhren bekannt, oft ist von einem »zittgloggli« oder »weckerli« die Rede.

Für die Erfassung und Behandlung der frühen Räderuhren sind originale Aufzeichnungen (Paulus Almanus, Jean Fusoris usw.) von ganz eminenter Bedeutung. Das genaue Studium dieser Manuskripte ist erforderlich, um die Technik der frühen Räderuhren zu verstehen.

Schließlich wurde zur weiteren Vervollständigung noch eine Reihe von Uhren einbezogen, von denen erst nach der Salzburger Besprechung Kenntnis gewonnen werden konnte und Abbildungen erhältlich waren. Das damit vorliegende Material bietet so eine ziemlich erschöpfende Dokumentation des heutigen Wissensstandes.

Da in fast allen Büchern, die von der geschichtlichen Entwicklung der Zeitmessung handeln, mehr oder weniger auf diese Anfänge der mechanischen Räderuhr eingegangen wird, wurde davon Abstand genommen, ein vollständiges Literaturverzeichnis anzufügen; eine solche Liste hätte den

Rahmen dieses Buches gesprengt. Die speziell für die vorliegende Arbeit verwendeten Bücher sind, soweit sie nicht unmittelbar im Text erwähnt werden, aus dem Bildnachweis zu ersehen.

Die Räderuhr –
ein Wunder des erfindenden Genies*

Die mechanische Räderuhr entstand, als man versuchte, mit einem Mechanismus die Drehbewegung der Himmelskörper zu simulieren, ein Wunschtraum der Menschheit seit der Antike. Der einfache Zeitmesser war also ursprünglich ein Nebenergebnis auf der Suche nach einem astronomischen Uhrwerk. Die beiden ersten, in Quellen gut belegten Uhren waren daher auch astronomische Werke.

1   Richard von Wallingford mit seiner astronomischen Uhr; Miniatur, vor 1484.
The British Library, London (D VII, f. 20).

* In diesem Abschnitt zitierte ich und folgte den Gedanken von Klaus Maurice.
  Siehe dazu in seinen Büchern »Die Deutsche Räderuhr« Bd. I/II beziehungsweise »Die Welt
  als Uhr« – Katalog zur Ausstellung des Bayerischen Nationalmuseums.

1. Uhr des Richard von Wallingford, Abt von St. Alban in England – 1327–1330 entstanden (Abb. 1)

2. Uhr von Giovanni de Dondi, Arzt und Professor für Astronomie, Medizin, Astrologie und Philosophie an der Universität Padua – 1364 nach sechzehnjähriger Arbeit vollendet (Abb. 2).

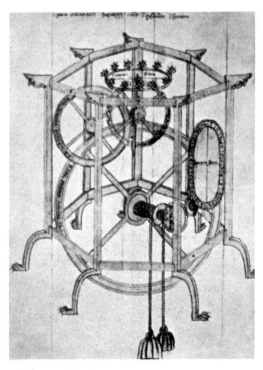

2　Uhr von Dondi.

Beide Uhren bildeten für zwei Jahrhunderte einen Höhepunkt in der Konstruktion komplizierter Maschinen und beide gewannen Berühmtheit und große Bewunderung, beide hatten die Aufgabe, die Natur zu erläutern und zu imitieren. Von Wallingford ist überliefert, »daß er ein Wunder vollführen wollte in der Form eines großen Werkes, das nicht nur Erfindung, sondern auch äußerst geschicktes handwerkliches Können bedingte«, und von Dondi berichtet man, »daß er die Schärfe seines Geistes benützte, um eine vollkommene Maschine zu bauen, so daß sie mehr ein göttliches, als ein menschliches Werk zu sein schien«.

3 »Horologium Sapientiae«, Miniatur, 1406.
Bibliothèque Nationale, Paris (MS fr. 455, fol. 9).

Interessant ist jedoch, daß Dondi in seinen Beschreibungen die eigentliche Uhr gar nicht näher beschrieb, das Uhrwerk muß also für Dondi etwas Geläufiges gewesen sein.

Die mechanische Räderuhr, eine der Höchstleistungen der europäischen Kultur und ein Triumph handwerklicher Kunst war also erfunden. Ihre Mechanik verkörperte jahrhundertelang die europäische Technik. Leider finden die Erfindungen und die oft große technische Raffinesse, mit der mechanische Probleme von den Menschen des Mittelalters gelöst wurden, bis heute noch nicht die entsprechende Würdigung. Der geistige Bann und die Ausstrahlung dieser frühen Räderuhren auf die Gemüter und Gehirne der damaligen Menschen bleibt für uns Menschen des 20. Jahrhunderts unvorstellbar. Der Reiz einer Uhr war oftmals gar nicht so sehr ihre praktisch-konkrete Brauchbarkeit, sondern vielmehr die Faszination einer geplanten, berechneten und programmiert ablaufenden funktionierenden Maschine. Sie wurde zum Symbol für den zeitlichen Ablauf des Lebens, das immerwährende tickende Geräusch erinnerte an das gleichmäßige Verstreichen der Zeit und wurde zum Sinnbild für Regelmäßigkeit – die Uhr hatte mystische Bedeutung.

Thomas von Aquin (1226–1274) hatte als erster die Uhr (damals noch Wasseruhr!) in einem Vergleich erwähnt. Gott stehe zu der von ihm geschaffenen Natur wie der Mensch zu seinem Produkt. Er versuchte damit das Verhältnis zu Gott zu veranschaulichen. Da die mechanische Räderuhr eines Herstellers bedurfte, wurde sie als Beweis angesehen, daß auch das Weltenwerk erschaffen worden war – sie wurde zum Symbol für philosophische Erläuterungen.

Einige Autoren, die mechanische Uhren erwähnen, sind

Dante: »Göttliche Komödie«, 1320;

Berthold von Freiburg: »Horologium devotionis circa vitam Christi«, um 1350;

Heinrich Seuse: »Horologium Sapientiae«, um 1340, er vergleicht die mechanische Uhr mit der göttlichen Ordnung und Harmonie (Abb. 3).

Jean Froissart, Gedicht »Li orloge amoureus«, um 1380, vergleicht Hemmung mit Spindel und Foliot mit der Tugend der Mäßigung (Selbstbeherrschung); der menschliche Körper brauche wie die Uhr die Regelhaftigkeit;

Nicolaus Oresme, um 1370, vergleicht die Uhr mit dem Kosmos und den Uhrmacher mit dem Schöpfer des Weltalls.

... das Uhrengleichnis wird zum formalen Gottesbeweis entwickelt. Die Uhr war nicht einfach ein Zeitmesser, sondern als funktionierende Maschine ein beherrschendes faszinierendes Objekt. In der Epoche der frühen Räderuhren wird dem mystischen, theologischen Aspekt der Zeit durch die Uhr ein mechanischer gegenübergestellt – das technische Zeitalter hat begonnen.

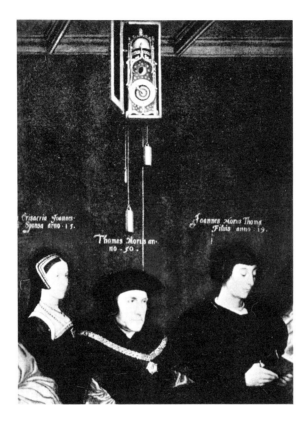

4 Kopie des von Hans Holbein dem Jüngeren 1527/1528 gemalten Familienbildnisses des »Thomas More« – 1533 entstanden (Ausschnitt).
Uhr im Prismentypus mit schlanken Pfeilern, in Fialen endend, hoher Glockenstuhl mit Krabben. Zifferblatt oben mit Tudorbogen, Front mit Sternen bemalt, Mondlauf, Stundenzeiger in Lanzenform. Weckerscheibe, Radunruhe mit Zinnenkranz; kantige Gewichte. Die Uhr hängt in einer Art Gehäuse an der Decke. Sie ist in der Mitte des Raumes direkt über dem Besitzer plaziert, wodurch die Seltenheit und Kostbarkeit eines solchen Zeitmessers zum Ausdruck gebracht wird.
Typus der Uhr: deutsch, um 1500.
National Portrait Gallery, Trafalgar Square, London.

Zeitgenössische Beschreibungen
früher Räderuhren

Da, wie schon in der Einleitung angedeutet, bei den frühen Räderuhren wegen der oft vorgenommenen Umbauten und Veränderungen die Bestimmung der Originalität und Datierung schwierig ist, stellen zeitgenössische Beschreibungen eine äußerst wertvolle Informationsquelle dar. Es seien hier deshalb einige besonders wichtige erwähnt, das wohl bedeutendste, das sogenannte Almanus-Manuskript, etwas näher beschrieben.

Das Almanus-Manuskript

Bruder Paulus Almanus, deutscher Herkunft, kam 1475 nach Rom, um an den Feierlichkeiten teilzunehmen, die anläßlich des Heiligen Jahres angesetzt worden waren. Es ist sicher, daß er bis 1480 in Rom blieb. Über seine Tätigkeit in diesen Jahren herrscht Ungewißheit. Möglicherweise handelte er mit wissenschaftlichen Instrumenten, da bekannt ist, daß er eine Uhr zum Verkauf anzubieten hatte. Obwohl er die verschiedensten Uhren von Kardinälen und anderen hochgestellten Personen betreute, dürfte er dennoch kein Berufsuhrmacher gewesen sein. Er war zwar sicher imstande, eine Uhr zu zerlegen und wieder zusammenzusetzen – es ist aber nirgends von einer von ihm selbst hergestellten Uhr die Rede. Alles in allem dürfte es sich bei Almanus um einen begeisterten und interessierten Amateur mit wahrscheinlich selbst erlerntem Uhrmacherwissen gehandelt haben.

Almanus beschreibt in seinem Manuskript sicherlich nicht jede Uhr, die ihm unterkam, sondern er griff nur diejenigen heraus, die ihm aus einem bestimmten Grund wichtig erschienen. Diese, vom einfachsten Wecker bis zu hochentwickelten und komplizierten Uhren, beschrieb er dann allerdings sehr detailliert. Durch die ausführliche Behandlung sämtlicher Werkteile erfahren wir nicht nur etwas über einige damals unübliche Konstruktionen, sondern wir bekommen einen guten Einblick in den Stand der Technik um 1480. Diese bedeutendste Informationsquelle über Uhren des 15. Jahrhunderts besteht aus insgesamt 30 Uhrenbeschreibungen, wobei jede eine Reihe

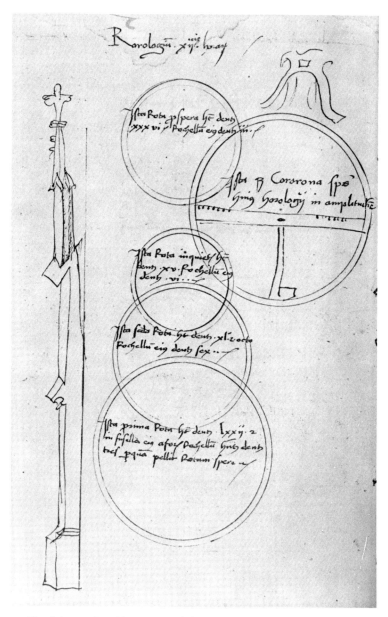

5 Eine Seite aus dem Almanusmanuskript.
Staats- u. Stadtbibliothek, Augsburg. (Codex 2° 209, fol. 3 v).

von Zahnräderzeichnungen und Skizzen über verschiedene Teile mit erklärenden Texten enthält.

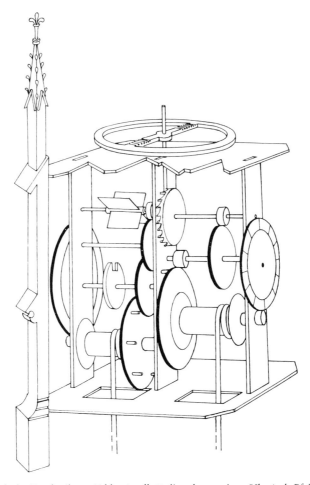

6   Eine nach der Beschreibung (Abb. 5) vollständig rekonstruierte Uhr (vgl. Pfeiler).

Da sich seine Beschreibungen jedoch nur auf römische Exemplare beziehen und Rom nicht zu den Uhrmacherzentren des 15. Jahrhunderts gezählt hat, ist es wahrscheinlich, daß die Technik anderswo schon weiter fortgeschritten war – eine von ihm beschriebene, sehr komplizierte Uhr stammte aus Flandern, »modernste« Uhren dürften aus Burgund oder Flandern eingeführt worden sein. Einige Uhrmacher werden namentlich erwähnt, wir erfahren aber nicht mehr als ihre Namen (z. B. Meister Henricus, Meister Johannes von der Hurcht, Meister Johannetis Virentinus).

Das von Almanus bei seiner Rückkehr aus Italien mitgebrachte Manuskript dürfte nach seinem Tod dem Mutterkloster übergeben worden sein, von wo es dann in die Augsburger Stadtbibliothek kam (gegr. 1537).

Es besteht insgesamt aus 3 Bögen zu je 16 Blättern (14,5 × 22 cm). Das Papier hat Wasserzeichen und ist wahrscheinlich italienischer Herkunft, der Pergamenteinband ist im Original erhalten.

Staats- und Stadtbibliothek Augsburg, Cod. 2°. 209.

Die Zeichnungen von Jean Fusoris

Anfang 15. Jahrhundert, Bibliothèque Nationale, Paris (Ms fr 7295)

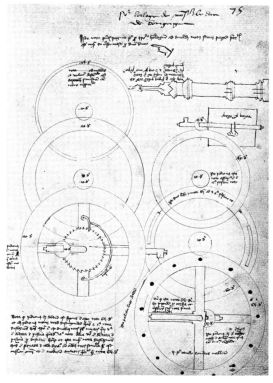

7 Riß des Geh- und Schlagwerks einer astronomischen Uhr für Herzog Philipp den Guten von Burgund.

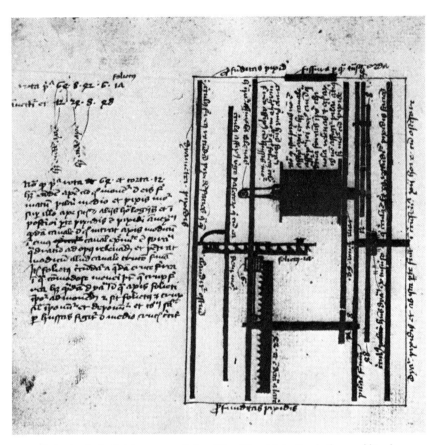

8 Schnitt durch die Gehäusetrommel einer Uhr. Die seitliche Beschriftung erklärt den
Aufbau und die Zahnverhältnisse der Räder.

Konstruktionszeichnungen von Lorenzo della Volpaia

Augustinerpater; um 1490
Biblioteka di San Marco, Venedig (Cod. It. IV. 41, 26 v.e, 27 r, 31)

9 Astronomische Uhr
rechts oben: Gehwerk
mit Walzenrad, Spindel,
radförmige Unruhe;
Schlagwerk mit Walzen-
rad, Windfang.

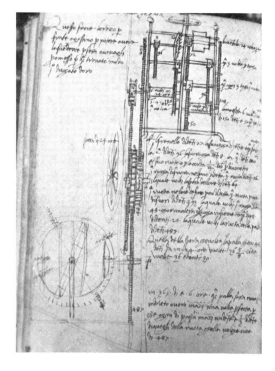

10 Linke Seite: Astronomische Anzeigen. Links
unten: Schloßscheibe.
Rechte Seite: Prismen-
körper mit Lagerbän-
dern und Fialen.

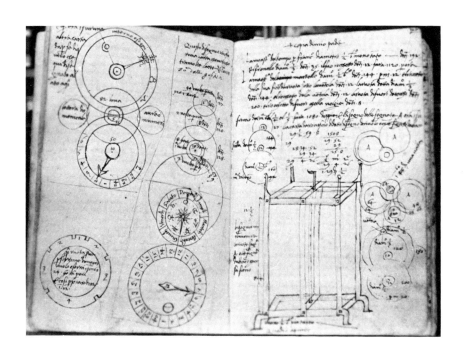

Konstruktionszeichnungen zu Uhren von Taqi Al Din

»al Kwabia al durrija fi Wad'al Binkamat al daurija«
Konstantinopel, 1552–1553
Bibliothèque Nationale, Paris (Ms 2478)

11   Vorderansicht einer Uhr mit turmartigen Aussehen – Zifferblatt.

Der Aufbau der Werkskörper früher Uhren

Bei den frühen Uhren, bei denen es noch kaum eine künstlerische Gestaltung gab, ist die Funktion des Uhrwerks für das formale Aussehen bestimmend gewesen. Ein Vergleich der bis heute bekannten frühen Hausuhren läßt zwei Bauweisen erkennen: den Flachbau und den prismatischen Werkskörper.

A. Der Flachbau

Er ist gekennzeichnet durch zwei hochstehende Bänder oder Säulen, die die Lager für die Achsen der Zahnräder und die Befestigungselemente (-Pfeiler) für das Zifferblatt tragen.

Drei Varianten sind dabei zu unterscheiden:

1. Die Säulen sind aus profiliertem, gegossenem oder geschmiedetem Material und auf einer Grundplatte aufgebaut, während oben ein Querhaupt vorgesehen ist. Das verwendete Material ist Eisen oder Messing.
Wahrscheinlich ist dies die älteste Form (vgl. Abb. 58, 60, 62, 65)

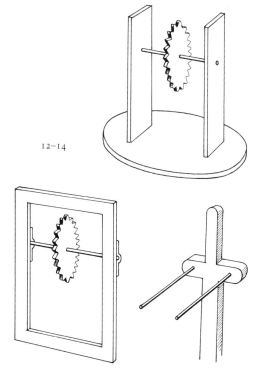

12–14

2. Die Säulen und Querverbindungen sind aus Bandeisen und hochkant zusammengeschmiedet, wobei die Lager durch ebenfalls geschmiedete, teils mit Keilverbindungen angesetzte Konsolen gebildet werden (vgl. Abb. 54, 55).

3. Die Säulen und Querverbindungen sind ebenfalls aus Bandeisen (wie bei 2), doch ist dasselbe zu einem fensterartigen Rahmen mit Keilverbindungen zusammengefügt. Dies ist die am einfachsten herzustellende, jedoch späteste Form der Flachbauweise. Die vertikalen Säulen bieten dabei Gelegenheit mehrere Lager aufzunehmen, wodurch weitere Konsolen überflüssig werden. Bei dieser Form sind meist nur ein oder zwei Konsolenpaare, die weit ausladen, für Teile des Schlagwerks vorgesehen (vgl. Abb. 57, 69).

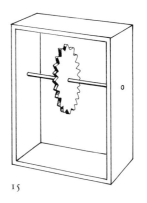

15

16   F. Berthoud, »Histoire de la mesure du temps«, 1802.

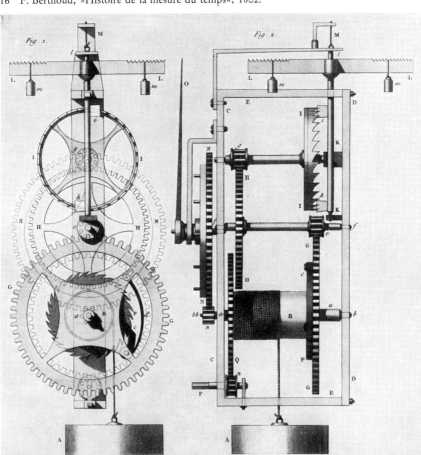

Die Uhr Abb. 54 stellt die einfachste Konstruktion einer Uhr dar: ein viereckiger stehender Eisenrahmen, in dem ein Räderwerk und die Hemmung gelagert sind. Das Gehwerk kann nur Walzenrad und Spindelrad haben oder noch ein weiteres, zwischen diese Räder eingeschobenes, Zahnrad. Dieses Zwischenrad ermöglicht eine längere Gangdauer der Uhr und damit eine Reduzierung der sonst hohen Zahlen des Kronrades.

Die 1362 erbaute Uhr am heutigen Palais de Justice in Paris hatte bereits dieses weitere Zahnrad, also insgesamt drei Räder für das Gehwerk. F. Berthoud hat in seiner 1802 erschienenen »Geschichte der Zeitmessung« diese Uhr in einem Stich (Abb. 16) überliefert.

Die Flachbauweise erscheint als die ursprünglichste und gleichzeitig sachlich einfachste Form, die deshalb wohl auch noch über einen längeren Zeitraum für die Gebrauchsuhren Anwendung fand (vgl. Ab. 74 b, 75 a).

B. Die prismatischen Werkskörper

Diese eher spätere und in wesentlich größerer Zahl erhaltene Bauform des Uhrkörpers ist im allgemeinen gekennzeichnet durch vier Ecksäulen, die oben und unten Verbindungsrahmen besitzen, zwischen denen Lagerbänder angeordnet sind. Meist steht er auf einer Konsole oder einem Pfeiler (siehe Abb. 86, 89, 90).

Der eigentliche Werkskörper wird durch die Metallplatten a und durch die Pfeiler b gebildet. Zwischen den Platten sind Querträger c eingefügt, in denen die Zahnräder gelagert sind. In den Beschreibungen von Almanus werden diese Querbalken erwähnt oder

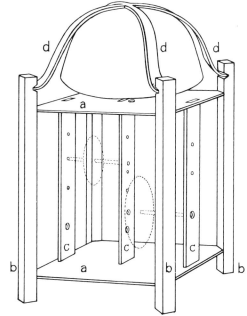

17 Aufbau eines
    prismatischen Werkskörpers

27

skizziert. Ist in den Zeichnungen ein Rad über dem anderen gezeichnet (siehe Abbildung), folgt daraus, daß diese auf einem Querbalken angeordnet sind.

Im allgemeinen ist der Werkskörper viereckig. Almanus beschreibt eine sechseckige Uhr als »ungewöhnlich« (siehe Abb. 80), Dondis Astrarium war sogar siebeneckig, daneben kennen wir einige wenige Exemplare in dreieckiger Form (siehe Abb. 84), aber auch runde Formen kommen vor (siehe Abb. 126).

18 Ausschnitt einer Miniatur aus einem französischen Manuskript, 1358. (Dialog zwischen Fortuna und der Zeit)
Prismentypus, vier glatte Pfeiler, oben breiter Abschluß, großer Glockenstuhl, Hammerbetätigung von vorne. Bemaltes, die Vorderseite ganz abdeckendes Zifferblatt, vier Nebenzifferblätter (?).

Die Mehrzahl der erhaltenen Uhren des Vierpfeilertypus hat die Triebwerke hintereinander angeordnet, vorne das Gehwerk, hinten das Schlagwerk (siehe dazu Abb. 117b, 122a). Bei einigen Uhren ist jedoch das Gehwerk und das Stundenschlagwerk rechts und links gebaut, also zum Zifferblatt im rechten Winkel versetzt. Die Drehbewegung vom Schlagwerk zur Schloßscheibe und vom Gehwerk zum Zifferblatt wird durch ein Sternrad übertragen (siehe Kap. »Zahnräder«).

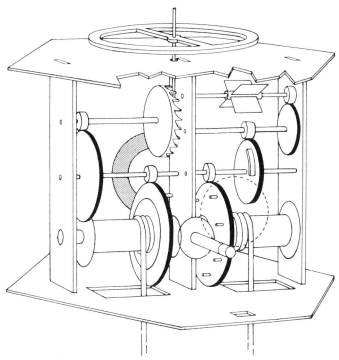

19 Der Aufbau der von Almanus beschriebenen sechseckigen Uhr.

20 Taqi al Din: (Konstantinopel, 1552/1553).
    Grundrisse v. Uhren.
    Bibliothèque Nationale, Paris.

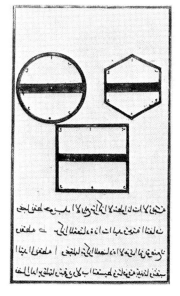

29

1. Die Pfeiler

Bei Uhren mit prismatischen Werkskörpern kann man drei Hauptgruppen unterscheiden:

a) Solche mit quadratischen Ecksäulen (volle Pfeiler), die flächenparallel zum Werkskörper stehen (siehe dazu Abb. 107)

b) Solche mit ebenfalls mehr oder weniger quadratischen, aber quer über Eck gestellten, strebenartig ausgebildeten Eckpfeilern (siehe dazu Abb. 82a, 101).

c) Solche mit flachen, über Eck gestellten oder mit dem Werkskörper seitenparallelen Eckpfeilern, was eine einfachere und billigere Form der prismatischen Bauweise ergibt, wie sie gerne in der zweiten Hälfte des 16. Jahrhunderts verwendet wurde (siehe dazu Abb. 134b, 136b).

Bei fast allen Stücken dieser Bauweise sind die Eckpfeiler über die oberen Querverbindungen hinaus verlängert und enden in Fialen, Knöpfen, Voluten oder Spiralen (vgl. dazu Abb. 82a, 104a, 118a, 135). Von besonderem Interesse sind vor allem die prismatischen Uhren mit quer über Eck

 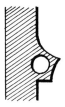 

21 Entwicklung der Pfeilerprofilierungen

gestellten Pfeilern, da sie in größerer Zahl als die früheren Flachbauuhren erhalten sind und daher ein besseres Eingehen auf die Details erlauben, und zwar sowohl in künstlerischer als auch in technisch-konstruktiver Hinsicht.

Die Pfeiler sind bei fast allen Uhren mehr oder weniger gekröpft und mit gotischen Elementen wie Krabben oder Wasserschlägen verziert, meist genau profiliert, so daß sie für sich allein schon wirkliche Schmiedekunstwerke sind. Bei den früheren Uhren wurden meist durchbrochen gearbeitete Pfeiler verwendet – mit sogenannten »Nasen« (bei Liechti bis ca. 1580), bei den späteren Stücken wurden die Pfeiler nur mehr durchbohrt, dann selbst diese Durchbohrung weggelassen, bis die Profilierung der Pfeiler überhaupt aufhörte (vgl. dazu Abb. 122a, 125a, 135).

Vor 1500 sind die schon erwähnten Fialen senkrecht nach oben gestellt, später im allgemeinen nach außen gebogen (vgl. dazu Abb. 114a, 122a, 126).

30

2. Der Glockenstuhl

Ist ein Schlagwerk vorhanden, dann ist der Glockenstuhl bei den frühen Exemplaren meist hochgezogen und mit Krabben verziert, bei den späteren Glockenstühlen aber finden sich gerne Ranken, Schnecken und Blüten (vgl. dazu Abb. 85, 101, 104, 114a, 122a, 124a).

Man muß allerdings darauf hinweisen, daß solche Angaben nicht als Kriterium verstanden werden dürfen und daß bei der Feststellung des Alters große Vorsicht geboten ist. Konservative Meister haben die Attribute des 15. Jahrhunderts bis in das 16. Jahrhundert hinein verwendet (wie dies speziell die Liechti-Uhren zeigen), während fortschrittliche Meister manchmal schon früh Renaissancemotive verwendeten.

3. Die Verkeilung

Der Zusammenbau der Werkskörper dieser frühen Uhren verdient besondere Beachtung. Aus den Bildern ist leider nicht zu erkennen, was für raffinierte Lösungen gefunden wurden, um den Körper leicht zerlegen zu können und dann genau passend wieder zusammenzusetzen. Man darf nämlich nicht vergessen, daß speziell zu Beginn des Hausuhrenbaues Schraubverbindungen noch nicht in Verwendung waren, obwohl im 15. Jahrhundert Schrauben als Verstellvorrichtungen schon gebraucht wurden. Bei den frühen Hausuhren waren Pfeiler mit Gestellrahmen ineinander verhängt. Nach Herausziehen der konischen Stifte an den Lagerbändern konnte der ganze Werkskörper in seine Bestandteile zerlegt werden.

Die Methode dürfte sich damals, als viele Nacharbeiten sowohl beim ersten Zusammenbau als auch bei Reparaturen notwendig gewesen waren, sehr bewährt haben. Dabei wurden große Anforderungen an die Genauigkeit der Passungen gestellt, die nur durch genaues Feilen der geschmiedeten Profile erreicht werden konnte. Bei einzelnen Uhren sind sogar die quergestellten Pfeiler mit dem Gestellrahmen verkeilt (siehe dazu Abb. 118b).

Bei den späteren Uhren sind die flachen Eckpfeiler entweder mit Kugelschrauben mit dem Gestellrahmen verschraubt oder einfach mit Hammerkopfnieten vernietet (vgl. dazu Abb. 126, 127a, 132, 134b). Die Lagerbänder, die zwischen dem oberen und dem unteren Gestellrahmen verlaufen und die Lagerlöcher für die Radachsen enthalten, können entweder oben und unten verkeilt sein, oder unten eingehängt und oben mit dem Querband verkeilt sein (vgl. dazu Abb. 82a, 104a, 117b, 110b).

4. Lokale Kennzeichen

Dank der großen Anzahl der zu studierenden Exemplare ist es bei den prismatischen Hausuhren möglich, einige Unterscheidungsmerkmale zur Feststellung der Provenienz anzugeben.

So haben die im süddeutschen Raume beheimateten Stücke die Füße meist stark nach außen abgekröpft und profiliert (Abb. 117), auch sind dort die Gestellpfeiler selbst scharfkantig profiliert. Die Kaffgesimse (Wasserschläge in der Architektur) waren anfangs ganz offen, später etwas mehr geschlossen, gelegentlich zeigten sie auch kleine Querprofile (vgl. Abb. 102, 104, 110a, 113b, 117).

Uhren aus dem steirischen Raum haben im allgemeinen weniger scharfkantige Pfeiler, dafür sind sie mehr profiliert und oben wesentlich stärker nach vorne gekröpft. Die Fialen sind oft beträchtlich lang (Abb. 82a, 83, 84).

Die Hausuhren aus dem französischen Raum zeigen wesentliche Unterschiede zur Bauweise der deutschen Hausuhren: Die Werkskörper sind breiter, oft kubisch, die Pfeiler sind im allgemeinen weniger profiliert, meist mit kräftigen Kaffgesimsen und kurzen Füßen. Die Oberflächenbearbeitung ist oft sehr fein, beinahe poliert.

Die Zifferblätter sind direkt auf das Werkgestell montiert und entweder mit Keilen oder bei späteren Stücken mit Schrauben befestigt (Abb. 85, 129a); eine Ausnahme bildet die Uhr auf Abb. 114a, bei der durch den Antrieb des Mondlaufs eine Distanzierung des Blattes durch 4 Säulen vom Gestellrahmen erforderlich wurde.

Der Glockenstuhl der französischen Uhren ist meist sehr hoch und mit Krabben verziert. In der Mitte befindet sich oft eine Turmglocke und ein durch Drahtzug angetriebener Hammer, der von vorne auf die Glocke schlägt.

Der Glockenzug zeigt vielfach eine typische Verkeilung mit den Pfeilern (Abb. 85, 114a). Bei späteren Uhren ist überwiegend oben ein Tragring (Abb. 114b). Bei Uhren ab 1600 finden wir häufig einen von innen an die Glocke schlagenden Hammer, der direkt von einer Blattfeder betätigt wird (vgl. Abb. 129a) – im Gegensatz zu den deutschen Uhren, bei denen meist die Hammerbetätigung mit Blattfeder über einen Drahtzug erfolgt (vgl. Abb. 85, 88, 89, 114a).

Welcher Provenienz aber immer die prismatischen, mit über Eck gestellten, quadratischen Pfeilern aufgebauten Uhren auch sein mögen, alle spiegeln den Geist der Gotik, ganz im Gegensatz zu den immer rein zweckmäßig erscheinenden Flachbauuhren. Die prismatischen Uhren mit ihren eigenartigen Durchblicken und Konturen weisen ihnen gegenüber eine höhere künstlerische Note auf – sie ähneln stark den mittelalterlichen steinernen Sakramentshäuschen.

5. Die Rahmenbemalung

Heute zeigen eigentlich alle erhaltenen Werkskörper nur mehr die rohe Eisenoberfläche, meist mehr oder weniger vom Rost angegriffen. An einzelnen Exemplaren jedoch sind Farbreste festzustellen, die die Annahme rechtfertigen, daß ursprünglich alle Werkskörper mit einem gegen Rost schützenden Farbanstrich versehen waren, der entsprechend der Farbenfreudigkeit des späten Mittelalters recht lebhaft war. Sicher können wir annehmen, daß auch die Glockenstühle samt ihren Verzierungen bunt bemalt waren, wobei der Glockenstuhl meist rot, die Ranken grün und anderer Zierat golden waren. An einigen Exemplaren waren die ursprünglichen Farben zum Teil gut oder teilweise erhalten (vgl. Abb. 114b, 120). Bei den Uhren der Liechti-Werkstatt waren Gestell, Lagerbänder und Räder jedoch verzinnt, wie man dies oft bei alten Schlössern findet. Die meisten dieser Stücke zeigten bei der Renovation noch erhebliche Spuren der alten Verzinnung.

6. Die Werkskörperverkleidungen

Die frühen Hausuhren waren alle unverkleidet. So wie sich der Werkskörper aus technischen Notwendigkeiten darbot, wurde er frei gezeigt. Speziell die prismatischen Werkskörper mit über Eck gestellten Pfeilern verkörpern gut den architektonischen Baugedanken der Gotik. Obwohl aus den Aufzeichnungen von Almanus hervorgeht, daß um 1480 Verkleidungen an Uhren nicht unbekannt waren (einige Uhren hatten teilweise Schutzplatten – Seitentürchen?), begann erst im Laufe des 16. Jahrhunderts die Verkleidung durch Blechwände. Die Werkskörper wurden sachlich einfacher, wohl auch im Zuge der Anfertigung größerer Stückzahlen. Schon vorher hatte man begonnen, die Werkskörper durch die Zifferblätter abzudecken.

Die Blechverkleidungen sind meist mit hübschen Malereien entsprechend dem Zeitgeist geschmückt (vgl. Abb. 113a, 118a, 137a, 139).

7. Zeitspanne und Verwendung

Es ist erstaunlich, wie lange sich die eben beschriebenen Bauprinzipien der Werkskörper behauptet haben. In den Einzelheiten ergaben sich wohl laufende Veränderungen, doch die grundlegenden Prinzipien blieben über Jahrhunderte die gleichen. Der Flachbau beginnt am Anfang des 14. Jahrhunderts, bleibt im 15. und 16. Jahrhundert die Regel für die einfachen Gebrauchsuhren, scheint im 17. Jahrhundert seltener zu werden, kommt aber sogar noch Anfang des 18. Jahrhunderts vor (Abb. 75, 77).

Der Prismenkörperbau einfacher Art leitet sich sicherlich von den Großuhren der Kirchen und anderer öffentlicher Bauten ab (Abb. 107). Er erscheint im 15. Jahrhundert und ist für Hausuhren bis in das 18. Jahrhundert festzustellen (Abb. 140b). Da sich die Prismenbauweise besonders für Schmiedearbeit eignet, haben schlossermäßig ausgebildete Uhrmacher stets diese Bauform bevorzugt; man kann fast annehmen, daß dadurch die langwierigen Auseinandersetzungen mit den Kleinuhrmachern verursacht wurden, die mit der Platinenbauweise grundsätzlich andere Baugedanken vertraten. Die architektonisch reichen Prismenkörper sind typisch gotische Bauformen. Wie aber gerade die schönen Liechti-Uhren zeigen, hat sich ihre zeitbedingte Form bis in das 17. Jahrhundert, die Zeit des beginnenden Barocks, in der Schweiz gehalten. Ein Uhrmacher Brandenberg in Zug hat Mitte des 17. Jahrhunderts offene eiserne Stuhluhren gebaut. Erst die allmähliche Einführung des Pendels verdrängt diese Uhrengattung vollständig.

Vielleicht sollte man am Schluß dieses Abschnitts noch darauf hinweisen, daß sich der Bau hölzerner Uhren, naturgemäß eine billigere Alternative gegenüber den eisernen, stark von deren Aufbau hat beeinflussen lassen, wobei natürlich den materialgebundenen Notwendigkeiten des Holzes bei den Abmessungen und Verbindungen entsprechend nachgekommen werden mußte.

Die Weisung der Zeit (Indikationen)

Zifferblätter und Zeiger stellen bei den frühen Uhren ein besonders heikles und schwieriges Kapitel dar. Im Gegensatz zu den robusteren Werkskörpern sind von den sehr viel empfindlicheren und leicht zu entfernenden Zeigern und Zifferblättern nur noch wenige Exemplare erhalten. Erschwerend kommt hinzu, daß zahlreiche Ergänzungen völlig stilwidrig vorgenommen wurden. Nachdem es Ende des vorigen Jahrhunderts Mode war, die Wohnungen und sonstigen Innenräume »gotisch« und bald darauf »altdeutsch« auszugestalten, wurden in diesem Sinn viele »gotisch« und »renaissancemäßig« nachkonzipierte Zeiger und Zifferblätter auf alten Baukörpern angebracht, um so die Uhren dem Stil des Raumes anpassen zu können (siehe dazu Abb. 106, 109a, 112a, 123a).

Da aber ein großer Teil dieser Ergänzungen heute bereits an die hundert Jahre alt ist, muß man sehr stilkritisch vorgehen, um Originalteile von den Nacharbeitungen trennen zu können. Bei den im Bildteil gezeigten Uhren sind diese Fehlgriffe bei den Restaurierungen des 19. Jahrhunderts und Fälschungen aufgezeigt.

1. Indikationen

Bei den frühen Hausuhren mit Gewichtsantrieb waren im allgemeinen folgende Indikationen üblich:

An erster Stelle steht die Stundenangabe, wobei in Italien die 24-Stundeneinteilung (1–24 Stunden, bei Sonnenuntergang beginnend) die gebräuchlichere war. So hatte bei den von Almanus beschriebenen Uhren die größere Anzahl 24-Stundenzifferblätter, auch importierte Uhren, die in Italien auf ein 24-Stundenzifferblatt umgebaut wurden, kommen in seinem Manuskript vor.

Nördlich der Alpen war die 12-Stundeneinteilung üblich. Zuerst gab es nur Stundenziffern. In der zweiten Hälfte des 15. Jahrhunderts beginnen vereinzelt Halbstundenmarken in Form von Rauten aufzukommen, bis etwa

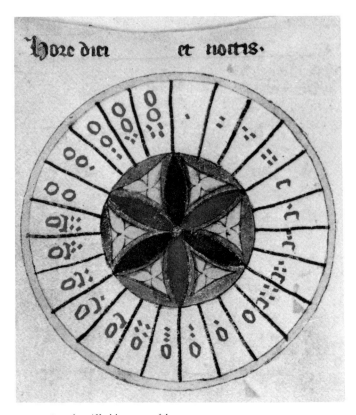

22 24-Stundenzifferblatt, ungefähr 1370.
Bodleian Library, Oxford. (Ms. Rawl.)

um 1500 für die Indikation der Viertelstunden hie und da ein zweiter kleiner Zeiger auf einem separaten Zifferblatt erscheint; doch bleibt die Ausführung mit einem Zeiger über 1600 hinaus die gewöhnliche Anordnung.

Sehr selten sind Hausuhren mit anderen Indikationen, so etwa mit 16-Stundeneinteilung (Abb. 57). Aus den rundherum angeordneten Tastknöpfen dieser Uhr ist zu erkennen, daß sie vor allem zur Verwendung für die Nachtzeit bestimmt war. Aber auch eine Doppelzifferblattanordnung kann vorkommen (Abb. 55), die wohl zur gleichzeitigen Indikation der deutschen und der italienischen Zeit bestimmt war.

Mondphasenangaben bei Hausuhren werden erst im 16. Jahrhundert bei den reicher ausgestatteten Uhren vorgesehen (siehe z. B. Abb. 113 a, 114 d).

2. Zifferblätter

Die Form der allerersten Zifferblätter der Hausuhren kennen wir nicht. Verleitet durch einen Vergleich mit den ganz frühen Kirchenuhren des 14. Jahrhunderts, die nur Glockenzeichen abgegeben hatten, ohne ein Zifferblatt zu besitzen, könnte man annehmen, daß es auch Hausuhren ohne Zifferblatt gegeben hat (vgl. dazu die Darstellung auf dem Siegel, (Abb. 67).

Im 15. Jahrhundert haben nördlich der Alpen im deutschen Raum die Uhren mit flachgebautem Werkskörper anfangs einen im Verhältnis zum Werk relativ großen Ring als Zifferblatt, mit großen Ziffern und sehr guter, weithin wirkender Lesbarkeit (siehe dazu z. B. Abb. 54). Bei den Uhren mit prismatischem Werkskörper und betonter gotischer Architektur hingegen sind im ganzen 15. Jahrhundert zwei verschiedene Grundtendenzen zu unterscheiden:

In Frankreich, Burgund und Italien finden sich eigentlich immer einfache viereckige oder rechteckige, in Frankreich direkt auf das Gestell montierte Vorderwände (siehe dazu Abb. 85), während in Deutschland und Österreich sehr schmale Ziffernstreifen üblich waren, die meist mit einem verwundenen Reifen eingefaßt sind (siehe dazu z. B. Abb. 84, 101 b). Dabei scheinen der Grund weiß und die aufgemalten gotischen Ziffern schwarz gewesen zu sein, während der Reifen selber in Gold oder Rot gehalten war. Gelegentlich wurde diese volle Vorderwand auch im Alpenraum gebraucht.

Ab 1500 aber wird der Ziffernring im allgemeinen auf größere Blätter aufgebracht, welche den Werkskörper vorderseitig abdecken. Der obere Rand dieser Blätter wird nun verschiedenartig ausgestaltet. Manchmal wird er zu einem Zinnenkranz, manchmal bekommt er eine wachturmartige Zinnenbekrönung (siehe Abb. 87). Bei den konservativen Schweizern, wie zum Beispiel bei den Liechtis, wird bis spät ins 16. Jahrhundert der gotische Spitzbogen (Tudorbogen) beibehalten, der entweder in einer Fiale oder in einer nach vorne gebogenen Nelke endet (siehe dazu z. B. Abb. 120, 122 a).

Ansonsten tritt in der ersten Hälfte des 16. Jahrhunderts an die Stelle des Spitzbogens ein Rundbogen, der anfänglich noch mit gotischem Rankenwerk verziert ist (siehe dazu Abb. 114 b, 119).

Das Analysieren dieser Übergänge ist sehr reizvoll und zeigt, wie unterschiedlich schnell künstlerische Motive aufgenommen wurden. Im 16. Jahrhundert wird es auch die Regel, daß die Kanten der Zifferblätter mit aufgelegten Profilleisten eingefaßt werden (siehe dazu Abb. 125 b).

Im italienischen Raum ist zumindest in der Anfangszeit die Indikation der Stunde umgekehrt wie nördlich der Alpen. Bei diesen Uhren ist der Zeiger fest fixiert, während sich der Ziffernkranz auf einem Zahnrad dreht (siehe dazu Abb. 56, 58). Möglicherweise ist dies die älteste Form der Zeitindikation bei Räderuhren gewesen.

Alle Zifferblätter, vor allem jene, deren Flächen sich über den Ziffernkreis hinaus erstrecken, sind meist mit figürlichen Malereien verziert. Speziell am Anfang des 16. Jahrhunderts herrschen noch lebhafte, fast grelle Farben vor, wie Rot, Blau und Gold. Nicht selten wurden in den Ecken die Wappen der Besitzer oder Stifter der Uhren gezeigt. Es ist jedoch nicht verwunderlich, daß die Zifferblätter im Laufe der Verwendungszeit der Uhren (viele derselben sind 100 bis 200 Jahre im Gebrauch gewesen) mehrfach übermalt worden sind. Der Gebrauch, sowie diverse Schmutzablagerungen müssen nach zwei Generationen längstens das Blatt unansehnlich und unleserlich gemacht haben. Diese späten Übermalungen, immer im jeweiligen Zeitgeschmack, sind meist umso weniger gut, je jünger sie sind, entsprechend der geringen Wertung der immer altmodischer werdenden Uhr. Uns interessiert natürlich heute die ursprüngliche Fassung am meisten. Heute ist es dem Fachmann ohne weiteres möglich, die Übermalungen sorgfältig durch Ablaugen zu entfernen und so das Original freizulegen. Diese später angebrachten Übermalungen – manchmal aus mehreren Epochen – haben oftmals die Originalbemalung vor Beschädigung oder Zerstörung gerettet. Erfreulicherweise sind so eine Reihe von Erstfassungen wieder zutage gekommen, die durch anschließende Restaurierungen wieder auf den ursprünglichen Glanz gebracht werden konnten (siehe dazu Abb. 75 b).

Häufig wurden in späteren Jahrhunderten eiserne Uhren modernisiert, indem man die Unruhe durch ein Pendel ersetzte – entweder mit Spindelgang oder später mit Hakengang. Diese Uhren wurden dann meist mit einem vollständig neuen, im Stile des Barock gestalteten Zifferblatt versehen, wobei man das alte Blatt meist beseitigte. In einigen wenigen Fällen wurde, vielleicht aus Pietät, das neue Zifferblatt direkt auf das originale montiert – auch hier gelingt es meist das Originalblatt wieder freizulegen.

3. Zeigerformen

Die frühen Zeiger scheinen einfach und kräftig ausgebildet gewesen zu sein. Manchmal war ein Gegenschwung vorgesehen, um das Werk gleichmäßig zu belasten, doch in der Regel war der Zeiger nur einseitig. In der zweiten Hälfte des 15. Jahrhunderts bürgerten sich Hellebarden- und lanzenähnliche Zeigerenden ein (siehe dazu Abb. 55, 57, 85), während im 16. Jahrhundert

nicht selten ausgestreckte Hände (z. B. Abb. 73) oder Sonnen- und Mond-
embleme (vor allem bei Liechti) verwendet wurden (z. B. Abb. 113a, 124a);
auch einseitige kurze blattförmige Ansätze mit einer Spitze hat es gegeben.
Gegen Ende des 16. Jahrhunderts werden die Zeiger reicher geschmiedet und
durchbrochen gearbeitet (siehe Abb. 127a, 129a, 139). Bei den italienischen
Uhren ist der Zeiger meist an den Werkskörpersäulen angebracht (siehe dazu
z. B. Abb. 58, 61).

Mechanismus und Räderwerk

Die Grundideen einer mechanischen Hemmung sind bereits in der Himmels-
maschine von Su Sung 1066 enthalten, bei der der Reguliermechanismus des
antreibenden Wasserwerks eine Zählung getrennter, aufeinanderfolgender
Intervalle und damit eine fortlaufende Zeitmessung ermöglicht.

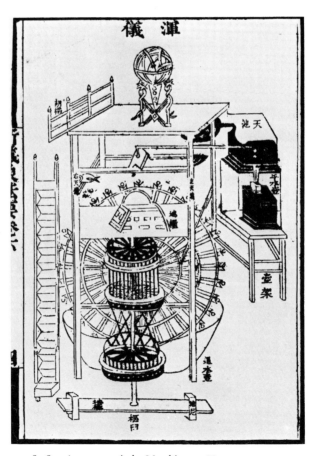

23   Su Sung's astronomische Maschine, 1066.

Obwohl noch kein direkter Beweis für die Übertragung dieser grundsätzlichen Idee, nämlich die Zeit durch Zerhacken und Zählen von Intervallen zu messen, nach Westeuropa vorliegt, dürfte trotzdem die Erfindung der Waag nicht ohne fernöstliche Anregungen entstanden sein.

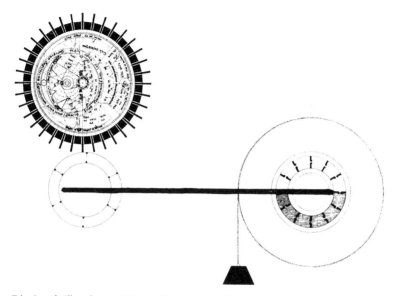

24 Die Quecksilberuhr von König Alfons von Kastilien, 1270. Durch den Quecksilberfluß von Kammer zu Kammer wird auch hier bereits die Zeit durch Zählen von Intervallen gemessen.

Den Ausgangspunkt des Räderuhrmechanismus stellt die in völliges Dunkel gehüllte Erfindung des Echappements dar – eine der großen kulturhistorischen Leistungen unserer Zivilisation. Dieser so bedeutsame Schritt muß gerade um 1300 n. Chr. erfolgt sein, denn 1275 kennt der an der Zeitmessung sehr interessierte König Alfons von Kastilien, der das Können und Wissen seiner Zeit genauestens niederschreiben ließ, die Räderuhr mit dem Echappement noch nicht, dagegen beschreibt bald nach 1300 Dante das Räderspiel einer mechanischen Räderuhr so genau, daß Prof. Marpurgo daraus sogar die Größe des Stückes ableiten konnte. Früh im 14. Jahrhundert beginnen zuerst die italienischen Städte, denen dann die anderen wichtigen Plätze Europas folgten, Monumentaluhren aufzustellen, wie es uns die Chroniken ausführlich berichten, und ebenso müssen damals die ersten Hausuhren in Umlauf gekommen sein, weil Dondi bei der Beschreibung seines großen Planetariums das Uhrwerk nur am Rande erwähnt, da er dessen Kenntnis als selbstverständlich voraussetzt. Die älteste Instruktion zum Bau von Uhrwerken, die in der Vatikanischen Bibliothek verwahrt wird stammt auch tatsächlich aus dieser Zeit.

Die große, zu überwindende Schwierigkeit war, die im Gewicht gespeicherte Energie auf den Mechanismus des Echappements – des Spindelganges mit zwei Lappen und einer starr mit der Spindel verbundenen trägen Masse – zu übertragen und in Bewegung zu halten, um den Fluß der Zeit registrierbar zu machen. Über das Messen am Ziffernkranz mit einem Zeiger wurde im letzten Kapitel ausführlich berichtet, im folgenden sollen nun die einzelnen Uhrwerkselemente beschrieben und behandelt werden.

1. Die Spindel und die träge Masse

Die mit den beiden Lappen aus *einem* Stück gearbeitete Spindel, das Gangrad und die an der Spindel befestigte träge Masse bilden das Herzstück der Uhr, das Echappement.

Das Entscheidende ist der abwechselnde Eingriff der zwei Lappen der Spindel in das von dem Gewicht angetriebene Kronrad. Der Eingriff des oberen Lappens dreht die Spindel nach rechts: Da diese zufolge des Waagarmes und der darauf befindlichen Gewichte beachtliche Trägheit besitzt, erfolgt das Verdrehen langsam. Nach einem gewissen Winkel hört der Eingriff auf und das Kronrad beginnt sich frei zu drehen. Das ist aber nur kurz möglich, weil sehr bald der diametral gegenüberliegende Zahn in die Bahn des unteren Lappens eintritt und an ihn stößt. Darauf erfolgt eine Rückbewegung der Spindel mit der Waag bis zur Freigabe des Lappens, worauf wieder der erste Lappen einsetzt und schließlich das Spiel sich zyklisch wiederholt. Im Moment des Zusammenstoßes zwischen Lappen und Zahn treibt der Lappen das Zahnrad soweit zurück, bis der Schwung der Waag gänzlich aufgebraucht ist. Die Bewegung des Kronrades des Uhrwerks ist also durch ein alternierendes Vorwärts- und Rückwärts zu beschreiben (»rückfallende Hemmung«).

Da das Kronrad eine ungerade Zahl von Zähnen hat, steht immer der nicht im Eingriff stehende Lappen in einer Lücke. Das Spindelrad kann sich also nur schrittweise fortbewegen – das Uhrwerk läuft daher geregelt ab. Die gesamte Schwingungsweite (Amplitude) der Radunruhe (Waag) setzt sich aus der Winkelbewegung während des Antriebes und einer zusätzlichen Drehbewegung (dem sogenannten Ergänzungsbogen) zusammen, der notwendig ist, um die ungleiche Größe der Radzähne etwas ausgleichen zu können.

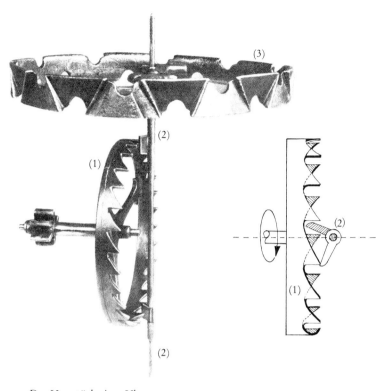

25 Das Herzstück einer Uhr
   (1) das Gangrad (Kronrad), ein Rad mit einer ungeraden Zahl von Zähnen, die in einem
        Winkel von 90° von der Radscheibe wegstehen.
   (2) die drehbare Spindel (Welle) mit zwei rechteckigen, etwa im Winkel von 100° gegen-
        einander versetzten Spindellappen.
   (3) die träge Masse – ein horizontaler Balken (Waag) oder ein großer Reifen.

Die Vergrößerung (Verkleinerung) der Amplitude kann auf mehreren
Wegen erreicht werden: einmal durch Veränderung der Antriebskraft
(Gewicht), oder durch Veränderung des Eingriffswinkels zwischen Zahn-
und Spindellappen oder durch Begrenzung der Amplitude durch einen
schwenkbaren Hebel mit Schweinsborste.

Bei der Spindel und bei der trägen Masse finden sich verschiedene Kon-
struktionsvarianten.

So kann die Spindel oben an einem Faden aufgehängt und oben und unten
in je einem bügelförmigen Lagerträger beinahe reibungsfrei gelagert sein
(unten oft in einer Lagerkugel).

Durch Verändern dieser Lagerkugel konnte der Eingriff der Spindel ins Gangrad so eingestellt werden, daß die Unruhe die größte Amplitude ausführte, was für ein einwandfreies Arbeiten des Spindelganges wichtig war (siehe dazu Abb. 57, 122 a).

Meist ist der im Inneren des Spindelrades vorhandene Achszapfen ebenfalls in einem Bügel gelagert, so daß auch dieser genau in Achsmitte zur Spindel eingestellt werden kann (siehe dazu Abb. 104 a, 117 b, 122 b).

In einem anderen Fall stützt sich die Spindel unten auf eine Art Standlager (siehe dazu Abb. 104 b, 129 b), während sie oben von einer Art Halslager gefaßt wird.

Almanus erwähnt in seinem Manuskript gekrümmte Lappen (durch

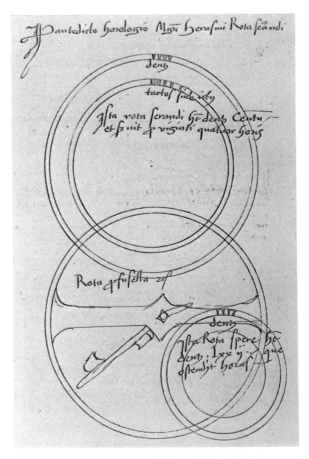

26 Ausschnitt aus dem Almanus-Manuskript: Spindel mit gekrümmten Lappen.
Staats- und Stadtbibliothek, Augsburg (Codex 2° 209, fol. 36 v).

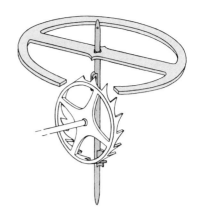

27 Zur Funktionsweise einer Spin-
    del mit gekrümmten Lappen.

gekrümmte Lappen kann sich die Unruhe über einen größeren Winkel
bewegen), leider ist keine Uhr mit diesem Bauelement erhalten.

Die träge Masse kann in Form eines Waagbalkens ausgebildet sein, entlang
dessen Enden bewegliche Gewichtchen verschoben werden können (siehe
z. B. Abb. 57, 113 b), oder in Form eines Radkranzes – entweder glatt oder
mit gotischen Motiven verziert (siehe dazu z. B. Abb. 75 a, 82 a, 104, 114 a,
120).

Im 14. Jahrhundert scheint in Italien eine kreisrunde, zinnenkranzartige
träge Masse üblich gewesen zu sein, wie sie Dondi darstellt (siehe Kapitel II).
Nicht selten werden Radunruhen mit nur einer Speiche gebaut – diese Bauart
gestattet eine besonders große Amplitude von Spindel und Unruhe.

In Italien oder möglicherweise auch in Deutschland ist nach der radförmi-
gen Unruhe der Waagbalken (auch Waag oder Foliot genannt) in Gebrauch
gekommen, der durch seine verschiebbaren Gewichte an den Enden eine
bequemere Regulierung erlaubte. Wenn trotzdem die Radunruhe weiter
bevorzugt wurde, so lag das wahrscheinlich in der Entwicklung der architektonisch reicher ausgestatteten Prismenkörperuhren begründet. Hier hätte
eine Waag den Gesamteindruck völlig zerstört und außerdem bei schlanken
Uhren dieses Typs das Einbauen einer nur sehr kurzen Waagunruhe erlaubt.
Das aber hätte zu schlechteren Gangresultaten geführt.

Bei den Radunruhen der Liechti-Uhren sind häufig als Verzierungen der
glatten Reifen einfache oder kombinierte Querstriche angebracht.

Die Radaufhängung

Der Galgen für die Fadenaufhängung ist öfters mit feinen Kerben versehen, die ein Umhängen der Fadenschlaufe erlauben. Durch Schiefhängen

dieser Schlaufe gegenüber der Spindelachse wird die Reibung im oberen Lager vergrößert und dadurch die Amplitude der Unruhe verkleinert, was eine Gangbeschleunigung hervorruft. Ferner ist es nach neuem Einstellen des Spindeleingriffes zum Kronrad bei einer Renovation möglich, die Schlaufe wieder so einzuhängen, daß sich die Spindel beinahe reibungsfrei im Lager bewegt (siehe dazu Abb. 54, 69).

An diesem eben beschriebenen Herzstück der frühen Uhren sind durch fast mehr als zwei Jahrhunderte keine Veränderungen vorgenommen worden. Wohl zu den frühesten und bekanntesten Studien über neue Mechanismen zählen die Skizzen und Entwürfe von Leonardo da Vinci.

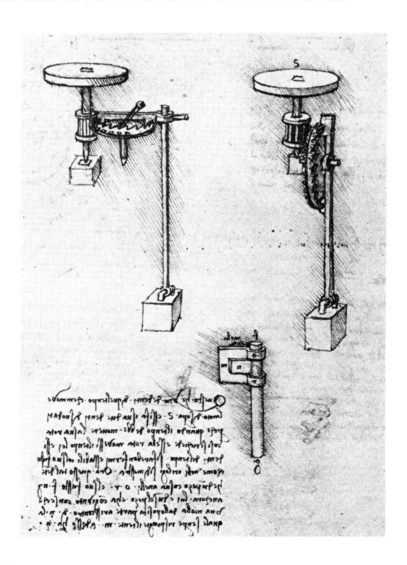

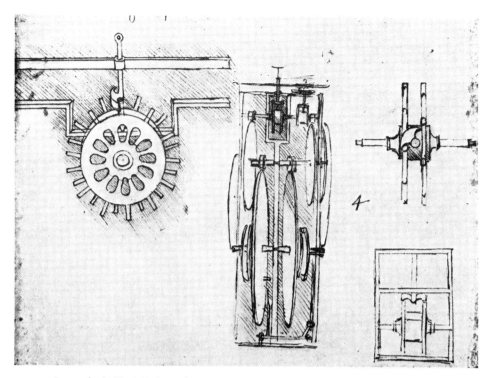

29 Leonardo da Vinci: Räderwerk einer Uhr mit »stiftenartiger« Hemmung, Codex Atlan-
ticus, 1490–1518.
Biblioteca Ambrosiana, Mailand.

28 Leonardo da Vinci: Skizzen zweier Pendelmechanismen, 1493–1500.
◁   Biblioteca Nacional, Madrid (Codex Madrid I).

2. Getriebe

Da bei den in Frage stehenden Uhren das Fortschreiten des Gangrades, das
etwa 50 Zähne hatte, um einen Zahn der Zeitdauer von zwei Halbschwin-
gungen der trägen Masse entspricht und die Dauer einer Halbschwingung bei
den frühen Räderuhren zwei bis drei Sekunden betragen hat, erfolgte eine
Gangradumdrehung in drei bis fünf Minuten. Da aber für eine 12-stündige
Tagesunterteilung nur eine Zeigerumdrehung in 12 Stunden gebraucht wird,
ist es unvermeidlich, zwischen Gangrad und Stundenzeiger eine nicht rut-
schende, eindeutige Untersetzung im Ausmaß von etwa 250 einzurichten.
Dies ist nur mit Hilfe eines Zahnradgetriebes von mehreren Stufen möglich.

Die Entwicklung der Zahnradgetriebe, die in heutiger Zeit ein nicht wegzu-
denkendes Element der gesamten Technik darstellen, spielte auf dem Feld
des Uhrenbaus seit den ersten Anfängen eine besonders wichtige Rolle. Von
der richtigen Form der Zähne hängt es dann ab, ob die Zahnräder große oder
kleine Verluste in der Kraftübertragung verursachen, ob sie gleichmäßig
arbeiten oder gelegentlich klemmen oder gar stecken bleiben, und ob sie über
längere Zeiträume arbeiten oder sich schnell abnützen oder gar brechen.

Als man die ersten Räderuhren baute, wußte man von all dem jedoch noch
nichts. Nach den Beschreibungen von Almanus kam schon 1470/1480 bei
praktisch allen Trieben jene wichtige Regel zur Anwendung, nach der die
Anzahl der Zähne eines Triebes immer ein Teiler der Zahnzahl des zu
treibenden Rades sein soll. Dadurch wurde erreicht, daß bei den von Hand
aus geteilten und ungenau geschnittenen Zahnrädern und Trieben jeder Zahn
des Rades immer nur in den gleichen Zwischenraum des Triebes kommen
konnte, wodurch jeder Zahn nur einer Lücke im Trieb angepaßt werden
mußte. Wahrscheinlich waren die Räder in diesem Sinn markiert, um dann
das Werk leichter zusammensetzen zu können. Solche Markierungen sind
noch bei manchen Uhren zu finden.

Die ganz frühen Uhren hatten nur zwei Zahnräder zwischen Schnurwalze
und Spindel (vgl. Abb. 54, 57). In der Sprache des Uhrmachers zählt man bei
der Beschreibung einer Uhr nur die großen Zahnräder zwischen Antriebrad
und Gangrad, nicht aber die kleinen, die als »Triebe« bezeichnet werden.
Auch das Getriebe zum Zeiger wird nicht gezählt. Wird also von einer
zweirädrigen Uhr gesprochen, hat man nur das Walzenrad und das Gangrad
im Auge. Manchmal sitzt auf der Schnurwalzenachse noch ein Trieb, der in
das vorne im Zifferblatt mit dem Zeiger gekoppelte Zahnrad eingreift, womit
die Untersetzung zum Stundenzeiger erreicht wird (Abb. 69).

3. Das Gesperr

Der Antrieb des aus Echappement und vorgeschaltetem Getriebe bestehen-
den Systems erfolgt durch einen Schnurtrieb, wobei anfänglich immer die
Schnur auf eine Walze aufgespult und dabei das Gewicht am Ende der Schnur
gehoben wurde. Um nun beim Aufziehen entgegen dem Antrieb des
Gewichtes das Uhrwerk nicht zurückzudrehen, wurde zwischen Walze und
Walzenrad ein sogenanntes Gesperr eingeschaltet, das heute ebenfalls ein
wichtiges, allgemein verwendetes technisches Bauelement geworden ist.
Schon bei den frühen Uhren finden sich verschiedene Ausführungen solcher

Gesperre. Bei manchen ist eine plane Feder auf der Stirnseite des Walzenkörpers aufgenietet, die sich in die Speichen des Walzenrades einhängt. Bei anderen ist auf der Achse des Walzenrades ein vierteiliges Sperrad aufgenietet, während an der Schnurwalze ein Sperrkegel (Klinke) mit einer gegenwirkenden Feder angebracht ist.

4. Die Zahnräder

Man hat auf die naheliegendste Weise mit dreieckigen Zähnen begonnen, so wie sie bei den astronomischen Instrumenten der Araber damals für einzelne starre Kupplungen zwischen Astrolabzeigern verwendet wurden. Die berühmteste gotische Uhr, das schon früher erwähnte Astrarium (Planetarium) von Dondi – 1364 –, über dessen Ausführungen wir heute dank der erhaltenen Bauzeichnungen im Codex Dondi genau unterrichtet sind, hat im

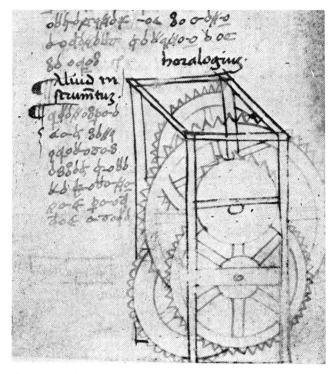

30 Zahnräder mit dreieckigen Zähnen. Ausschnitt aus einem lateinischen Manuskript; 15. Jahrhundert.
Bibliothèque Nationale, Paris (NAL. 635).

ganzen Werk fast ausschließlich Dreieckszähne. Da Dondi der bedeutendste Meister seiner Zeit war, müssen wir schließen, daß dies damals die übliche Form gewesen ist. Erst im Verlauf des 15. Jahrhunderts hat sich die Zahnform grundsätzlich geändert.

Wie und wo dieser Übergang vor sich gegangen ist, wissen wir nicht. In der zweiten Hälfte des 15. Jahrhunderts finden wir allgemein nur mehr schlanke spitze Zähne – obwohl auch Almanus in seinem Manuskript vereinzelt noch dreieckige Zähne gezeichnet hat.

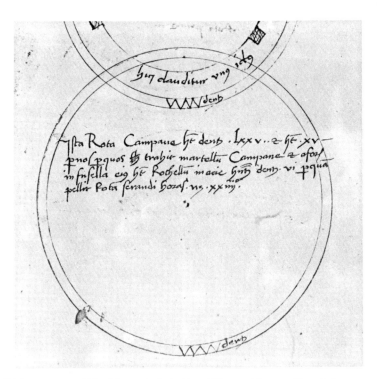

31 Zeichnungen von Zahnrädern mit dreieckigen Zähnen. Almanus-Manuskript. Staats- und Stadtbibliothek, Augsburg (Codex 2° 209, fol. 19 v).

Die schlanken spitzen Zähne sind oft durch auffallend breite Zahnlücken voneinander getrennt (siehe Abb. 82 a), manchmal werden die Zähne innen schmäler.

Die Herstellung dieser Zähne muß so erfolgt sein, daß zuerst mit einem Zirkel die Teilung des Zahnrades vorgenommen wurde, wobei die Teilungspunkte durch Körnermarken bezeichnet wurden, und daß danach Zahn für

32 Typische Zahnung eines frühen Rades.
  Almanus-Manuskript.
  Staats- und Stadtbibliothek, Augsburg
  (Codex 2° 209, fol. 2 v).

Zahn mit der Feile herausgearbeitet worden ist. Diese Marken sind auf den alten Originalrädern meist noch deutlich zu erkennen (siehe Abb. 69).

Die Räder selbst sind bei den frühen Uhren aus einem geschmiedeten Zahnkranz hergestellt, der vielfach mit Kupfer hart zusammengelötet ist. Das Profil des Zahnkranzes ist vielfach V-förmig nach innen verjüngt. Die Speichen oder Schenkel – meist finden vier Verwendung (Almanus spricht vom »Kreuz« des Rades) – sind durch Aufspalten der Enden von entsprechend langen Eisenprofilen hergestellt und dann in Aussparungen der Zahnkränze eingenietet (siehe Abb. 57, 69).

In einigen wenigen Fällen sind dabei nach innen gotische Zacken als Verzierungen herausgearbeitet (vergleiche Abb. 104 b).

Die Naben sind im allgemeinen auf die Achsen aufgenietet (siehe z. B. Abb. 75 a, 118 b), in manchen Fällen aber sind sie auf vierkantige Ansätze der Achsen aufgesteckt und verstiftet (z. B. Abb. 70 b, 82 b).

Die Achsen selbst sind häufig sechs- oder achtkantig gefeilt (Abb. 76 b, 114 a). Die Triebe sind durchwegs aus dem massiven Material herausgearbeitet. Die Zapfen (Achsenenden) sind bis etwa 1580 direkt in den Lagerbändern gelagert – erst nachher bürgert sich das Einpressen von Messingfuttern gleich bei der Herstellung ein. Das Stundenrad und ebenso die Schloßscheibe des Schlagwerkes werden meist von drei- oder vierflügeligen Laterntrieben angetrieben (z. B. Abb. 118 b, 122 a, 131 b). Die Radkränze der frühen Uhren sind im Verhältnis zu denen der späteren auffallend breit (z. B. Abb. 57, 82 a).

Durch Sternräder wird die Bewegung im rechten Winkel zu den Rädern des Getriebes ermöglicht. Sie werden meist verwendet, um Zapfen eines um 90° versetzten Zifferblattes (oder Schloßscheibe) zu treiben. Der große Vorteil des rechtwinkeligen Antriebes bei gewichtsgetriebenen Uhren ist der, daß die Tendenz der Uhr, aus der Gleichgewichtslage zu kommen und seitlich zu verrutschen (besonders bei aufgehängten Uhren, durch die an

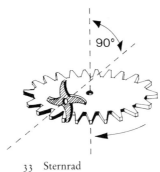

33   Sternrad

derselben Seite hängenden Gewichte und die in dieselbe Richtung drehenden Räder beider Getriebe), fast aufgehoben und somit die Uhr gleichmäßig balanciert ist.

Dieser rechtwinkelige Antrieb für das Zifferblatt ist im 15./16. Jahrhundert teilweise gebräuchlich, nach 1600 jedoch kaum mehr zu finden.

5. Die Aufzugsmethoden

Bei den frühen, einfachen Uhren machte das Walzenrad nur eine Umdrehung pro Stunde, was je nach der verfügbaren Fallhöhe eine Gangdauer von nur zehn bis zwölf Stunden ergab. Bei den besseren Ausführungen aber brauchte sich das Walzenrad nur in zwei Stunden einmal umzudrehen, so daß bei gleicher Fallhöhe nun eine 24stündige Gangdauer erreicht wurde.

Von besonderem Interesse sind die verschiedenen Hilfsmittel, um den Aufzug, das heißt das Heben des abgelaufenen Gewichts, vornehmen zu können. Es dauert erstaunlich lange, bis die uns heute selbstverständlichen Methoden herausgefunden wurden.

Das Ursprüngliche scheint der Knebelaufzug gewesen zu sein, der sich wohl in Analogie zu den frühen Wellradbrunnen entwickelt zu haben scheint (siehe Abb. 54, 59).

Das Weiterfingern von einem Knebelflügel zum nächsten war sicherlich keine einfache Prozedur – manchmal mußte sogar in das Werk eingegriffen werden, um den Knebel zu bewegen. Diese Aufzugsart, die auch Almanus erwähnt, ist uns nur in ganz wenigen Exemplaren erhalten geblieben und kann als Zeichen besonderen Alters gewertet werden. Einen großen Schritt vorwärts bedeutete der Trommelschnuraufzug, wo sich auf der Schnurwalze eine Gegenschnur in gleicher Länge aufwickelte, während das Arbeitsgewicht ablief (siehe Abb. 55, 56, 88).

Zum Aufziehen mußte nun die Gegenschnur, an der ein kleines Spanngewicht befestigt war, nach unten gezogen werden.

Viel später erst (ab 1500) scheint die Schnurrolle aufgekommen zu sein (z. B. Abb. 70 b). Zu deren Betrieb war eine gewisse Erfahrung über das Friktionsverhalten in der schwach v-förmigen Schnurrolle notwendig, um einen sicheren Betrieb zu gewährleisten. Der letzte Schritt in der Entwicklung war das Aufwinden mit einem Schlüssel oder mit einer Kurbel (Werfel), die auf einen Vierkant an der Schnurwalzenachse aufgesteckt und nach dem Aufzug wieder entfernt wurde (siehe Abb. 141 b). Bei Gewichtsuhren scheint dies erst gegen 1600 angewendet worden zu sein.

34 »Aufziehen einer italienischen Wanduhr« von Blatt A. VI. »Mercurius«. Kupferstich
    von Baccio Baldini (1436 bis 1480), um 1450.
    Wanduhr, nicht wie bei den deutschen Uhren dieser Zeit üblich eine Standuhr auf
    Wandkonsole! Prismenkörper, Gehäuse seitlich offen. Quadratisches Zifferblatt mit 24-
    Stundeneinteilung, einfacher Stundenzeiger; über Gehäuse schwingt Foliot.
    Der Vorgang des Aufziehens war dem Künstler nicht klar (Gegengewicht ist viel zu
    weit vom sichtbaren Walzenrad entfernt)!
    British Museum, London.

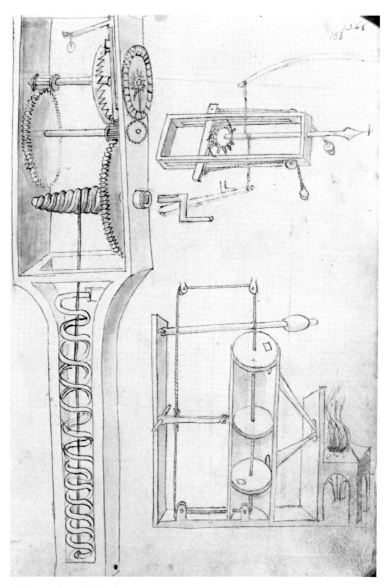

35 Zeichnung eines Gehwerks, Italien, nach 1470/80.
    Sehr frühe Darstellung einer Uhr, die mit einer Kurbel aufgezogen wird; beachtenswert
    ist das negative Aufzugsloch.
    British Library, London (MS. 34113/fol. 156r).

6. Gewichte

Formgabe und Materialwahl der frühen Gewichte stellen ein recht ungeklärtes Kapitel dar; fast nichts aus der frühen interessierenden Zeit ist erhalten. Wir kennen einige geschmiedete, kantige, nach unten verjüngte Eisengewichte, wobei die Verjüngung das bessere Aneinandervorbeigleiten gestatten soll (siehe Abb. 54, 59, 123 a).

Es kommen auch hohl gegossene Bleigewichte vor (siehe Abb. 4, 143). Schrotzugabe oder -wegnahme aus dem Hohlraum können die Ganggeschwindigkeit verändern. Sehr häufig scheinen auch rohe oder etwas behauene Steine, eventuell in einer geschmiedeten Eisenfassung verwendet worden zu sein.

7. Maßnahmen zum Richten

Kaum weniger wichtig und interessant als jene Maßnahmen, die zum Aufziehen entwickelt worden waren, sind die, welche ausgedacht wurden, um ein Richten, das heißt ein Einstellen der Zeiger auf eine bestimmte Zeit zu ermöglichen, wenn die Uhr stand oder unrichtig ging. Heute ist es üblich, eine Rutschkupplung zwischen Zeiger und Getriebe einzubauen, die ein Verschieben des Zeigers ohne Störung des Gangwerks erlaubt. Bei den frühen Uhren aber waren etwa bis 1580 die Zeiger starr mit dem Zahnradgetriebe verbunden. Um nun die Zeiger trotzdem in eine neue Zeigerstellung bringen zu können, ist häufig seitlich am Werk ein zweiarmiger Hebel vorgesehen (vgl. Abb. 113 b, 114 b, 119), durch dessen Herunterdrücken die Spindel nach oben gehoben werden kann, so daß die Lappen nicht mehr ins Gangrad eingreifen konnten. Zum Richten mußte man dann das Walzenrad mit einer Hand halten. Bei einfachen Uhren ohne Kipphebel mußte man zum Richten die Spindel von Hand nach oben heben.

Bei Uhren mit Schlagwerken erlaubte die sogenannte Storchenschnabelauslösung ohne weiteres ein Zurückdrehen des Walzenrades, ohne daß der Auslösestift am Auslösehebel angehalten worden wäre.

8. Schlag- und Weckerwerke

Die Entwicklung der akustischen Stundenmeldung ging wohl so vor sich, daß zuerst für jede Stunde nur ein einziger Schlag abgegeben wurde. Das läßt sich auf eine einfache Weise direkt durch das Gangwerk erreichen, indem man auf einem einmal in der Stunde umlaufenden Rad (Walzenrad) einen Stift anbrachte, der den Glockenhammer hob und nach dem Durchlaufen wieder fallen ließ. Es war eine Frage der gegenseitigen Lage, also der Geometrie der Konstruktion, wie genau oder ungenau das Signal mit der Stundenstellung zusammenfiel.

Im 14. Jahrhundert kommen für gotische Türmer- und Hausuhren Weckerwerke in Gebrauch, die im Laufe der Jahrhunderte verschiedene Mechanismen aufweisen. Bei den frühesten Weckeruhren finden wir durchwegs eine durch Kurbelmechanismus angetriebene, hin- und herschwingende Schelle oder Glocke mit Klöppel. Ursprünglich gaben zwölf am Stundenzei-

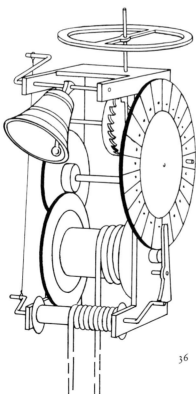

36 Einfacher Wecker: Weckereinsteckscheibe (hier halbstündig), Stift gibt zur
gewünschten Zeit Wecker frei. Kurbelmechanismus.

gerrad eingeniete Auslösestifte über einen zweiarmigen Hebel stündlich die Aufzugkurbel und damit das Weckerwerk frei. Sehr bald kam jedoch die Einsteckweckerscheibe in Gebrauch, bei der am Stundenzeigerrad zwölf Löcher vorgesehen sind, in die nach Wunsch ein Auslösestift eingesteckt oder auch eingeschraubt werden konnte. Dieser gab dann zur gewünschten Zeit den Wecker frei (siehe dazu Abb. 54, 56, 61).

Gegen 1400 kommt der Mechanismus mit Spindelrad und Spindel, verbunden mit hin- und herschwingendem Hammer im Inneren der Glocke in Gebrauch. Ältestes Beispiel ist dazu die Türmeruhr von St. Sebald in Nürnberg (Abb. 56). Hier erfolgte die Auslösung stündlich durch Stifte am Walzenrad mit Storchenschnabel und Hebel, der Nocken am Spindelrad freigibt. Das Spindelrad konnte nur eine Umdrehung machen, wodurch das Weckerwerk nicht nach jedem Wecken aufzuziehen war. Diese Uhr zeigt besonders schön das separate Weckerwerk, hinten am Flachbaurahmen angesetzt, und den Mechanismus der frühen Auslösung (vgl. Abb. 58, 70b).

37 Einfaches Weckerwerk, Mechanismus mit Spindelrad und Spindel.
    Aus: »Encyclopédie, Recueil des planches«, Paris 1765.

Im allgemeinen haben die frühen Uhren keine Vorrichtungen, um den ausgelösten Weckvorgang unterbrechen zu können – erst wenn das Gewicht abgelaufen war und damit die Antriebskraft fehlte, hörte das Läutwerk auf. Die Weckdauer hing also von der Fallhöhe des aufgezogenen Untergewichts ab. Zu den wenigen Ausnahmen zählt zum Beispiel die schon vorher erwähnte Uhr von St. Sebald in Nürnberg.

Im 16. Jahrhundert kommt dann eine Arretierung am Weckerhammer oder an der Spindel durch Blattfeder und Nocken zur Anwendung. Beim Auslösen des Weckers gibt der zweiarmige Hebel die nach oben gespannte Blattfeder und damit auch den Hammer frei. Durch Emporheben der Blattfeder, deren Ende aus einem Ausschnitt des Zifferblattes herausragt, schnappt der Hebel durch Gegengewicht oder Federkraft wieder unter dieser ein. Damit ist der Wecker wieder arretiert und für die Auslösung bereit. Dieser Mechanismus ist vor allem bei den Renaissance-Türmchenuhren mit Federzug von ca. 1540 an bekannt. Sämtliche Uhren mit Wecker der Winterthurer-Liechti sind mit dieser Auslösung eingerichtet.

Die schon vorher erwähnte Einsteckweckerscheibe mit ursprünglich zwölf Einstecklöchern für stündliches Wecken gab es später auch mit 24 Einstecklöchern, die somit ein halbstündiges Wecken erlaubten. Diese Einsteckweckerscheibe wird schließlich durch eine drehbare, auf dem Stundenzeiger sitzende Scheibe ersetzt. Diese wird durch Reibung mitgenommen, und das über das Zentrum verlängerte Ende des Stundenzeigers dient als Index zum Einstellen des Weckers auf der gemalten oder gravierten Stundeneinteilung. Diese Weckerscheibe gestattete das Einstellen zur beliebigen Zeit (z. B. Abb. 127a, 140a).

Ein wichtiger Fortschritt bei der akustischen Meldung war die Anzeige der jeweiligen Stundenzahl durch eine entsprechende Anzahl von Schlägen. Auch diese Erfindung fällt in das 14. Jahrhundert, und heute wird die Ansicht vertreten, der Vater Dondis, Jacopo Dondi, sei der erste gewesen, der die zum Stundenschlag erforderliche Konstruktion ausdachte und anfertigen ließ.

Die vier Funktionen des Schlagwerkes sind:
1. In Gang setzen (mit einem Öffnungsarm, der langsam durch einen Stift am großen Rad des Gehwerkes gehoben wird).
2. Freilauf halten (der Sperrarm wird vom Auslösezapfen ferngehalten).

Der Schlagvorgang beginnt, wenn der Freigabearm eine bestimmte Höhe erreicht. (Bei Schlagwerken mit Vorwarnung wird der Schlagmechanismus erst dann ausgelöst, wenn der gehobene Freigabearm mittels eines Stiftes wieder fallengelassen wurde – eine Vorrichtung, die wahrscheinlich nicht vor 1500 gebaut wurde.)

3. Abgabe der richtigen Schlaganzahl.

4. Schlagvorgang wieder zum Stillstand bringen.

Um aber die richtige Schlagzahl, jeweils in Übereinstimmung mit der Zeigerstellung, zu erhalten, bedurfte es eines Zählwerks. Dieses neuartige Organ, die sogenannte Schloßscheibe, war ein Rad, dessen Rand in verschieden lange Abschnitte unterteilt war, entsprechend der mit jeder Stunde zunehmenden Schlagzahl, wobei Einschnitte am Ende jeder Teilung den Schlagmechanismus unterbrachen, bis dieser mit Hilfe gesonderter Konstruktionselemente erneut in Gang gesetzt wurde (siehe z. B. Abb. 104a, 113b, 114c).

Es ist klar, daß nunmehr auch ein gesonderter Antrieb für das Schlagwerk notwendig war. Bereits bei der Uhr am Palais de Justice in Paris (1362) war diese Schlagwerkskonstruktion vollständig entwickelt.

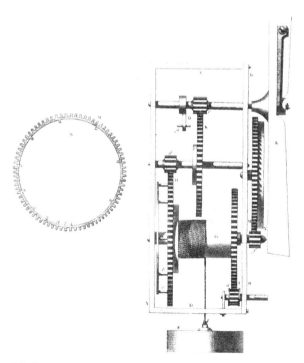

38 Uhr am Palais de Justice, Paris, 1362.
    Schloßscheibe, rückwärts großer Windflügel.
    Aus: F. Berthoud, Histoire de la mesure du temps, Paris 1802.

Bei den frühen Uhren ist nur ein wie eben beschriebenes Stundenschlagwerk vorhanden. Zur Auslösung des Schlagwerks wurde allgemein eine schleichende, die sogenannte Storchenschnabel-Auslösung verwendet:

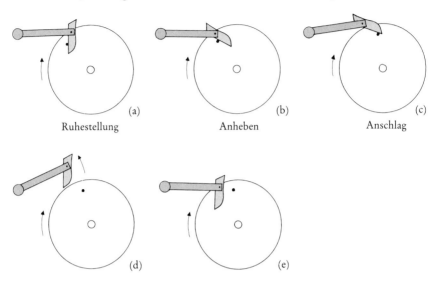

Der am Auslösehebel leicht bewegliche, gabelförmige Storchenschnabel ist so tief eingefeilt, daß er sich vom Auslösestift des Walzenrades leicht nach links oder rechts um einen bestimmten Winkel umlegen läßt. In Stellung d ist das Schlagwerk freigegeben. Der Auslösehebel bleibt in dieser Stellung bis der Schlagvorgang beendet ist. In Stellung e befindet sich Auslösehebel wieder in Ausgangsstellung, der Schlagvorgang ist beendet.

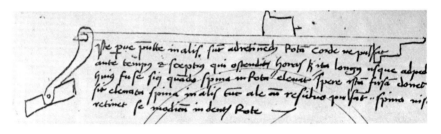

40 Der Storchenschnabel/Almanus-Manuskript.
Staats- und Stadtbibliothek, Augsburg (Codex 2° 209, fol. 2 v).

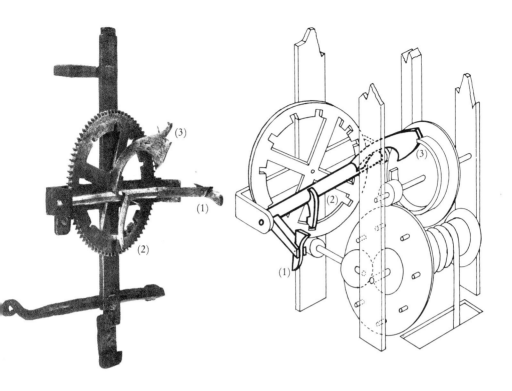

41/42   Der Mechanismus in seiner einfachsten Form:
Hebel mit 3 Armen: (1) Arm für die Auslösung (Storchenschnabel); (2) Arm für das
Zählen der Schläge (rechts in Ruhe, links während des Schlagvorgangs); (3) Arm für
die Sperrung des Laufwerks.
Der erste Arm wird also, wie vorhin schon erwähnt, durch einen Stift des sich
stündlich einmal drehenden Walzenrades des Gehwerks gehoben – dadurch wird
auch der Arm (3) gehoben, wodurch das bis dahin gesperrte Schlagwerk freigegeben
wird. Es beginnt abzulaufen und bewegt den Hammer, während der Arm (2) auf der
Schloßscheibe ruht und so die Zahl der Schläge abtastet. Fällt dieser Arm wieder in
eine Vertiefung, wird durch Arm (3) das Laufwerk gesperrt und der Schlagvorgang
ist somit beendet.

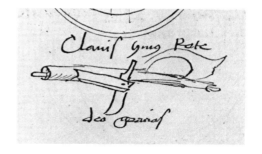

43   Arm für Auslösung und
Arm für Sperrung.
Almanus-Manuskript.
Staats- und Stadtbiblio-
thek, Augsburg (Codex
2° 209, fol. 35).

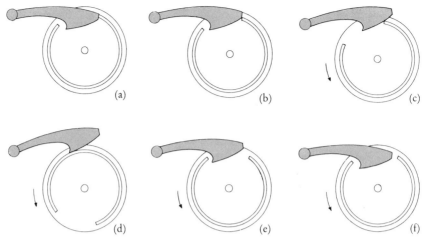

44 Zur Stellung von Arm (3) vgl. Abb. 41/42. Bezüglich des Rades mit aufgesetztem Reifen
(Herzscheibe): a–c: Anheben durch gemeinsame Achse; d: Stellung während des Schlagvorganges; e: Unterbrechung des Schlagvorganges. Durch diese Vorrichtung wird es
dem Zählarm ermöglicht, nach einer bestimmten Anzahl von Schlägen in eine Vertiefung einzufallen, während das Laufwerk gesperrt wird.

Diesen eben beschriebenen Mechanismus finden wir auch in einer anderen
Anordnung (Abb. 45) Die Aufgaben der vorhin beschriebenen Werksteile
sind hier gut zu erkennen.

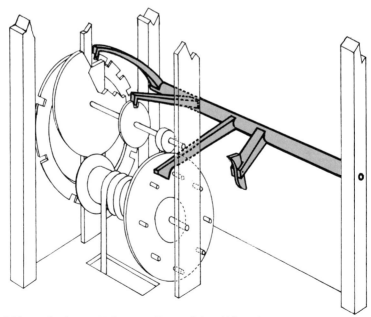

45 Schlagmechanismus, Variante zur Konstruktion Abb. 41/42.

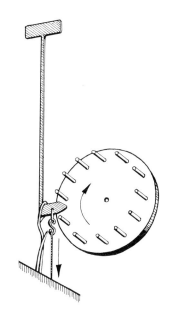

Die Schlagbewegung des Hammers wird durch das Hebnagelrad, ein sich langsam drehendes Rad, das an seinem Kranz eine Anzahl Stifte trägt, bewirkt. Diese Stifte heben direkt den Hammer. Beim Loslassen wird er von einem Zug oder von einer Feder wieder in seine ursprüngliche Lage gebracht, dabei schlägt der Hammer auf die Glocke (siehe z. B. Abb. 74 b, 114 a). Bei diesem Vorgang ragt der Hammer seitlich oft sehr weit hinaus.

Die Schlaghämmer bei den deutschen, schweizerischen und österreichischen Exemplaren kommen immer von der Seite. Die Form variiert von einfachen Hammerköpfen bis zu phantastischen Tierköpfen (siehe Abb. 113 a, 122 a). Bei einzelnen Uhren von Liechti gibt es sogar Schwanenhalsformen (siehe Abb. 120).

Dagegen ist bei vielen französischen Uhren der Hammer im Glockenstuhl gelagert, wo er durch einen Drahtzug betätigt wird und von vorne auf die Glocke schlägt (siehe Abb. 84, 89). Bei den geschlossenen Uhren der Renaissance muß der Hammer über einen Winkelhebel gedreht werden und schlägt innerhalb der Glocke an (Abb. 77b, 142a). Bei frühen Uhren mit nur zwei Rädern im Geh- und Schlagwerk ist auf der Welle des Windflügels ein zweiarmiger Hebel, dessen einer Arm den Anlaufstift trägt, angebracht. Bei dreirädrigen Uhren ist dieser Stift am Radkranz des Anlaufrades befestigt. Die Schloßscheiben sind in der Regel ganz im Geiste der Gotik gestaltet, ein Reif mit Innenverzahnung.

Die oben erwähnte schleichende Auslösung (also das langsame Anheben des Auslösearmes) hat entsprechende Ungenauigkeit zur Folge, da das exakte Einsetzen des Schlagwerks nicht gewährleistet ist. Verbesserung der Genauigkeit läßt sich durch die sogenannte Vorwarnung erzielen, eine Zweiteilung der Funktion in der Art, daß etwas vor dem Zeitpunkt des gewünschten Signals schon die Schlagwerkhauptsperre aufgehoben wird, eine leichte Nebensperre aber noch wirksam ist, die dann genau im gewünschten Augenblick beseitigt wird. Solche Vorwarnungen sind seit dem 18. Jahrhundert bei allen Schlaguhren die Regel; in einigen wenigen Fällen haben sich erfinderische Uhrmacher schon bei den frühen Hausuhren in der gleichen Richtung versucht. (Abb. 110c, 113b, 122b zeigen drei sehr seltene Exemplare.)

Zur Verlangsamung und zum gleichmäßigen Ablauf der Schlagfolge werden gleich von Anfang an Windflügel verwendet, die als Luftbremse wirken. Bei ganz frühen Uhren sind diese rückwärts angebracht (Abb. 114a, 124b), wobei vielfach eine Ratsche zum Auslaufen vorgesehen ist, um beim Abfall der Sperre in die Schloßscheibe, Schläge in das Werk durch jähes Abbremsen zu vermeiden.

47 Zeichnung eines im Werk
    eingebauten Windflügels;
    Almanus-Manuskript.
    Staats- und Stadtbibliothek,
    Augsburg (Codex 2° 209, fol. 2).

Anfänglich waren nur Schlagwerke mit Stundenschlag gebräuchlich. Erst am Ende des 15. Jahrhunderts treten sehr vereinzelt Stundenschlagwerke mit 4-Viertelstundenschlag kombiniert auf (Abb. 104). Diese Glockenstühle enthalten daher zwei Glocken. Deshalb können solche Uhren kaum der Gotik zugeordnet werden. Vierviertelschlagwerke mit Doppelschlag (statt eines Schlages schlagen zwei verschiedene Hämmer kurz hintereinander auf zwei getrennte Glocken) kommen erst in der Spätrenaissance auf! Das Viertelstundenschlagwerk ist immer zwischen Gehwerk und Stundenschlaguntergebracht, wobei die Schloßscheibe für die Viertel auf den Hammerhebstiften auf dem Walzenrad aufgenietet ist (siehe Abb. 104b, 117b). Bei Uhren mit Stundenschlag ist natürlich immer vorne das Gehwerk, hinten das Schlagwerk angeordnet; bei Uhren mit rechtwinkeligem Antrieb für Zifferblatt und Schloßscheibe befindet sich meist links das Gehwerk und rechts das Schlagwerk. Bei späteren Uhren kommt auch die umgekehrte Anordnung vor. Einige Uhren sind mit Halbstundenschlagwerken versehen, bei denen ein vom Walzenrad betätigter eigener Halbstundenschlaghammer meist von der anderen Seite auf die Glocke schlägt (siehe Abb. 122b, 124a).

Ist (oder war) wie bei den meisten gotischen Uhren ein Weckerwerk vorhanden, so ist dasselbe bei den frühen Uhren meist seitlich, außerhalb des

64

Weckers angeordnet (siehe Abb. 85), bei den etwas späteren Uhren dagegen meist innerhalb des Gehwerks (siehe Abb. 114a).

9. Mondlaufantrieb

Schon in den Aufzeichnungen von Almanus werden mehrere Uhren mit Mondindikationen beschrieben, es werden sogar teilweise die Farben (blau, schwarz) angegeben.

Die Mondlaufscheibe, die vor allem bei den späteren Uhren besserer Ausführung gerne angebracht wird, wird im allgemeinen mit Stirnrädern

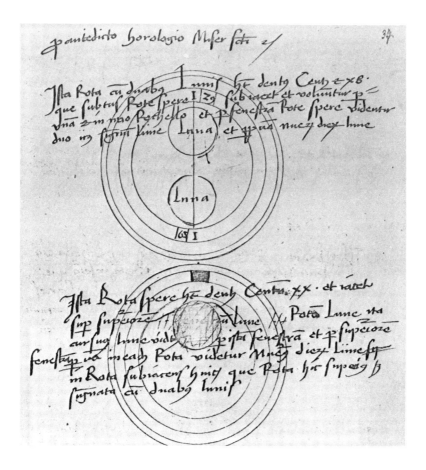

48 Angaben über Mondlaufscheibe – Almanus-Manuskript.
Staats- und Stadtbibliothek, Augsburg (Codex 2° 209, fol. 34).

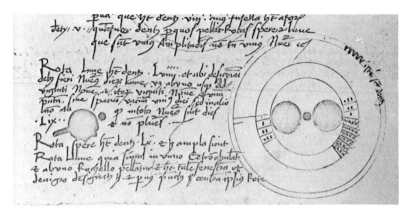

49 Angaben über Mondlaufscheibe – Almanus-Manuskript.
Staats- und Stadtbibliothek, Augsburg (Codex 2° 209, fol. 11).

oder Laterntrieben betätigt, so daß in 29 oder 29½ Tagen ein Umlauf des Mondblattes erfolgt (siehe Abb. 4, 113 a, 119, 120).

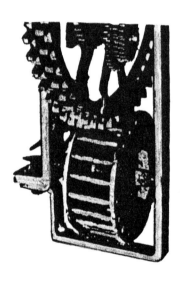

50 Der Laterntrieb, hier allerdings aus
einem astronomischen Zeigerwerk
(differo-epizyklisches Getriebe)
entnommen –
Laurentius Liechti, 1529.

Auf Abb. 114 d ist für den Mondlauf ein Schneckentrieb vorgesehen, der einerseits ein Hinweis dafür ist, daß die Wichtigkeit der Antriebselemente schon sehr früh von den Meistern erkannt wurde, dessen Seltenheit aber erkennen läßt, daß technisches Wissen noch mühsam erworben werden mußte. Vor allem bei den frühen, noch ungenau gehenden Werken mußte die Mondindikation dauernd nachgestellt werden.

10. Datumsanzeige

Unter den von Almanus beschriebenen Uhren finden sich bereits zwei mit einer Datumsanzeige in einer Öffnung im Zifferblatt. Hinter letzterem befindet sich der Antrieb mit einem Rad, das 30 oder 31 Zähne hat; alle 24 Stunden wird ein Zahn dieses Rades weiterbewegt (siehe z. B. Abb. 128, 141). Erst bei den späteren Uhren wird diese Indikation öfters angebracht. Manchmal finden wir sogar die zusätzliche Angabe des jeweiligen Tagespatrons durch sechs beidseitig verwendbare auswechselbare Scheiben.

11. Signierung – Meister

Von den Anfängen der Räderuhr bis zu einer organisierten Zunft der Uhrmacher dauerte es fast 200 Jahre. Die Großzunft der Schmiede war in Augsburg eine der frühesten Zünfte, die 1368 genehmigt und 1374 vom Kaiser anerkannt wurde. Dieser Zunft wurde, wie in fast allen Städten, das Handwerk der Uhrmacherei einverleibt. Noch im 16. Jahrhundert wurden die Uhrmacher als verwandtes Handwerk den Schmieden zugeordnet – es war oft von einer Doppelausbildung als Schlosser und Uhrmacher die Rede. Ab der Mitte des 16. Jahrhunderts hören wir dann von Auseinandersetzungen zwischen den Schmieden und Uhrmachern, wobei die Schmiede immer darauf hinwiesen, daß das Schlosserhandwerk die eigentliche Basis der Uhrmacherei sei und damit ihr Führungsanspruch zu Recht bestehe – ein langer Kampf hatte begonnen.

Da der Großteil der hier betrachteten Uhren in diesem Zeitraum gebaut wurde, in dem das Zunftwesen erst langsam entstand und später die Uhrmacher bei den Schmieden integriert waren, sind uns nur die wenigsten Meister dieser Uhren bekannt. An vereinzelten Stücken sind mittels eines Stempels Meisterzeichen oder Initialen eingeschlagen, die jedoch in den wenigsten Fällen gedeutet werden können. (So benutzte der bekannte Uhrmacher Hans Luterer aus Waldshut, der auch in der Schweiz anfangs des 16. Jahrhunderts einige Turmuhren baute, als Meisterzeichen einen Astzweig mit Blatt.) Bei vereinzelten Exemplaren findet man ab und zu eine Jahreszahl, z. B. auf der Radunruhe oder am Gestell einpunziert oder auf dem Zifferblatt aufgemalt. In letzterem Fall ist wegen der häufigen Übermalungen bei Datierungsversuchen größte Vorsicht geboten.

Diese spärlichen Merkmale geben dem Historiker und Forscher einige gesicherte Anhaltspunkte über Herkunft und Alter der Uhren, die dann als

Vergleichsexemplar für die große Masse der unsignierten und undatierten Stücke herangezogen werden können.

Eine große Ausnahme bilden die spätgotischen Uhren aus der Werkstatt der Winterthurer Uhrmacherfamilie Liechti, die alle signiert und datiert sind, wie aus den entsprechenden Abbildungen zu entnehmen ist. Von 1557 bis 1657 sind uns von sechs Meistern dieser Familie ca. 40 Exemplare bekannt geworden.

12. Reinigung

Da diese Hausuhren mit Ausnahme der späteren nicht verkleidet waren, war das Getriebe starken Verschmutzungen ausgesetzt. Das einzige damals bekannte Mittel, um das verharzte und schmutzige Öl zu entfernen, bestand darin, alle Teile im Holzfeuer auszubrennen. Bei großen Uhren geschah dies im Freien – ein Ereignis, das oft viele Schaulustige anlockte. Den Berichten von Ulrich und Andreas Liechti zufolge wurde dies fast zu einem Volksfest (1603).

13. Die federgetriebene Uhr als technische Alternative

Wann und wo die Kraft einer spiralförmig zusammengewundenen Spiralfeder als Antriebskraft für eine Uhr das erste Mal verwendet wurde, ist ungewiß. Wahrscheinlich ist der Federantrieb, der sich aus den Erfahrungen mit Federschlössern bei Türen und Waffen herleitet, in der ersten Hälfte des 15. Jahrhunderts entstanden. Soviele große Vorteile der Einsatz der Spiralfeder als Kraftquelle auch bot, ein Problem galt es erst noch zu überwinden: Die Uhr ging schneller, je stärker sie aufgezogen war. Es mußte also etwas geschehen, die Antriebskraft konstant zu halten. In Deutschland experimentierte man anfänglich mit dem sogenannten »Stackfreed«, einer eisernen Wippfeder, die gegen eine Kurvenscheibe drückt. Es kam zwar dadurch ein gewisser Kraftausgleich zustande, von einer wirklich konstanten Kraft war man jedoch noch weit entfernt. Die wesentlich genialere Idee war der Kraftausgleich mittels Schnecke, deren Erfindung ebenfalls im dunkeln liegt. Möglicherweise wurde sie empirisch entwickelt. Die früheste enthaltene Uhr mit Schneckenantrieb ist die Burgunderuhr um 1430 (Abb. 53).

Von den 30 von Almanus in seinem Manuskript beschriebenen Uhren hatten bereits acht Uhren Federantrieb. Dieser hohe Prozentsatz und die

Tatsache, daß Almanus den Federantrieb nie besonders hervorhebt, zeigt, daß schon in der zweiten Hälfte des 15. Jahrhunderts solche Uhren gebräuchlich waren und gegenüber den gewichtsgetriebenen Uhren eine technische Alternative darstellten (Abb. 52, 78). Almanus erwähnt zwar selten die Schnecke, es ist aber sicher, daß jeder Werksteil eine Schnecke hatte. Dieser Kraftausgleich mittels Schnecke gehört wie die Erfindung des Echappements zu den ganz großen technischen Leistungen, auch er wurde Jahrhunderte lang ziemlich unverändert in Uhren angewendet. Natürlich gab es auch hier immer wieder Versuche, diese Anordnung mit Kette oder Darmsaite zu verändern. So beschäftigte sich zum Beispiel kein geringerer als Leonardo da Vinci mit der Möglichkeit, Federhaus und Schnecke zusammenzufügen.

Wo sind nun die großen Unterschiede zwischen den Federuhren und den gewichtsgetriebenen Uhren? Federuhren ticken schneller, da im Getriebe

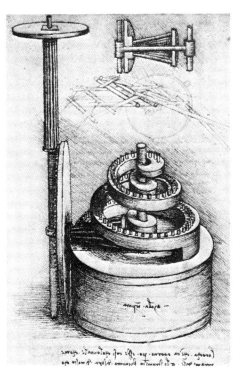
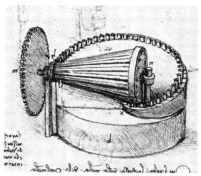
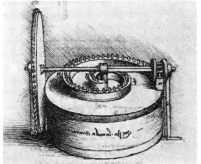

51 Leonardo da Vinci: Vorschläge, um durch Zusammenfügen von Federhaus und Schnecke die Transmission durch die Saite (Kette) zu vermeiden. 1493–1502. Biblioteca Nacional, Madrid (Codex Madrid I).

69

52 Rogier van der Weyden: Bildnis eines Höflings vom burgundischen Hof, um 1450.
    Koninklijk Museum voor Schone Kunsten, Antwerpen.
    Der Dargestellte, Jehan Lefèvre, Seigneur de Saint-Remy, war Kanzler Philipps des
    Guten; der Text im Schriftband enthält eine Devise von Philipp, die er bei seiner dritten
    Vermählung 1430 wählte.

52 a Detail von Abb. 52, interessante Uhr (Federantrieb!), auf Haken mit Kette aufgehängt;
      allseitig offen, Werke um 90° gedreht. Ziffernring, ein Zeiger, Glocke. Inschrift:
      »TANT QUE JE VIVE, AUTRE N' AURAY«.

eine leichte Überkraft vorhanden ist, um die Extrareibung, wie sie beim Aufwickeln der Feder auftritt, auszugleichen. Ihre Räder drehen sich langsamer, da die Schnecke nur eine begrenzte Anzahl von Umdrehungen haben kann und außerdem haben sie mehr Räder im Getriebe und sind im allgemeinen kleiner. Bei Gewichtsuhren ist das Getriebe stets vollständig im Werkskörper eingebaut, was bei Federuhren nicht immer der Fall ist. Diese haben oft einen kurzen Körper, der Räder und Schnecke enthält, die Federgehäuse sind oft unter der Bodenplatte angebracht, was den Vorteil bietet, daß die Lagerbänder kürzer und dadurch stabiler sind und zusätzlich die Federgehäuse leichter zugänglich sind (siehe z. B. die Uhr Philipps des Guten, Abb. 80). Gewichtsgetriebene Uhren haben meist eine Gangdauer von 24 Stunden, während Federuhren der selben Zeit nur 12–15 Stunden Gangdauer aufweisen.

Obwohl schon ziemlich bald neben den gewichtsgetriebenen Uhren auch solche mit Federantrieb aufkamen, muß jedoch gesagt werden, daß gerade bei den einfachen eisernen Hausuhren der Antrieb durch ein Gewicht weiterhin dominierend blieb. Wie aus den vielen Bildern leicht zu ersehen ist, war der Typus dieser Uhr wenigen technischen Änderungen unterworfen.

Schlußwort

Der vorliegende Bericht soll einen Überblick über jene Merkmale der frühen gewichtsgetriebenen Uhren geben, so wie sie aus dem jüngst gesammelten, heute zur Verfügung stehenden Material in Bezug auf deren technische Ausführung und äußere, architektonische Gestaltung gewonnen werden konnten. Das ausgewertete Material umfaßt eine Anzahl ganz oder teilweise erhaltener Exemplare, mehrere zeitgenössische, bildliche Darstellungen und einige wenige schriftliche Dokumente, in denen Räderuhren erwähnt oder beschrieben werden. Das geringe Verständnis und Interesse in historischen Kreisen für Fragen technisch-wissenschaftlicher Entwicklungen sind die Ursachen, daß die dokumentarische Seite so spärlich untermauert ist. Es ist kaum zu erwarten, daß man noch andere Codices oder Manuskripte finden wird, die die gleiche oder ähnliche Bedeutung haben wie der Codex Dondi und die in gleicher Weise schlagartig unser Bild über die frühe Technik ändern könnten. Es ist jedoch zu hoffen, daß bei kritischer Sichtung des Materials verschiedener Archive Europas eine Reihe weiterer zeitgenössischer Stellungnahmen und Darstellungen, beziehungsweise in Briefen oder Protokollen eingestreute Bemerkungen über Uhren, ihre Eigenschaften oder vielleicht sogar über ihre Hersteller gefunden werden können. Dadurch wäre es vielleicht möglich, die noch bestehenden Unsicherheiten bezüglich Originalität und die Unklarheiten bei Datierungen und Provenienz zu beseitigen, die bei diesen Uhren wegen der großen Zahl von stilwidrigen Ergänzungen originaler Baukörper, Fälschungen und Neukompositionen und vor allem wegen des großen Alters besonders schwerwiegend sind. Man sollte dabei jedoch nicht vergessen, daß es sich bei diesen frühen Eisenuhren mit Gewichtsantrieb nicht um irgendein beliebiges Gebiet der Technik handelt, sondern um den Beginn der Zeitmeßkunst durch eine Mechanik, in deren Maschinerien die wahrscheinlich bedeutendste Wurzel unserer heutigen technischen Zivilisation zu suchen ist.

53 Sogenannte Uhr Philipps des Guten, Burgund, um 1430. ▷
   Diese wohl einmalige Uhr sei hier sowohl wegen ihrer Technik (sie ist wahrscheinlich die älteste erhaltene Uhr mit Federzug und Schnecke) als auch wegen ihrer außergewöhnlichen künstlerischen Gestaltung als Spitzenstück einer frühen Hausuhr angeführt. Germanisches Nationalmuseum, Nürnberg.

Uhren in Flachrahmenbauweise (Torrahmen)

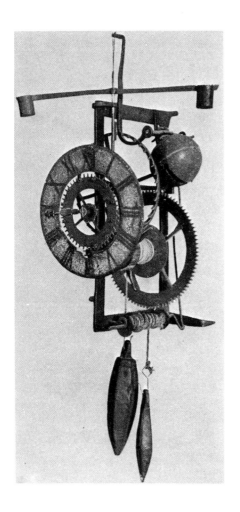

54 Frühe Hausuhr, ca. 1350.
    Flachbaurahmen aus hochkant
    zusammengeschweißtem Band-
    eisen; Knebelaufzug; durch
    Kurbelmechanismus angetriebe-
    ne hin- und herschwingende
    Schelle, Auslösung durch Stek-
    ken eines Stiftes (Auslösehebel
    fehlt), Arretierung an Aufzugs-
    kurbel. Es handelt sich hier um
    eines der frühesten erhaltenen
    Stücke in der ältesten bekannten
    Bauart. Höhe 39 cm.
    Mainfränkisches Museum,
    Würzburg.

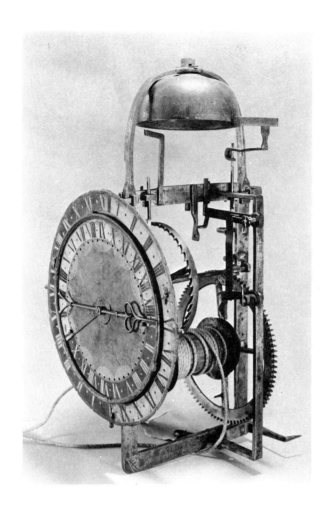

55 Frühe Hausuhr (Türmeruhr), Nürnberg, Ende 14. Jahrhundert.
Flachbau aus hochkant zusammengeschweißtem Bandeisen. Aufzug durch Herabziehen
des Gegengewichtes, das sich mit eigener Schnur beim Werksablauf aufwindet.
2 × 12 Stunden am äußeren, festen Ziffernring; sehr typischer originaler Stahlzeiger mit
gotischen Formen (selten!); die beiden Kreissektoren des inneren Zifferblattes sind ge-
geneinander verschwenkbar zur Angabe von Sonnenauf- und -untergang beziehungsweise Tag- und Nachtlänge in den verschiedenen Jahreszeiten. Die Einstellung (im Bild
falsch gezeigt) hat im Abstand von einigen Tagen von Hand aus zu erfolgen. Wecker
mit Einsteckscheibe, Halbstundenlöcher, Weckerwerk unvollständig (Spindelrad fehlt),
Auslösung stündlich vom Walzenrad aus über Storchenschnabel und zwei horizontale
Hebel mit senkrechter Kuppelstange. Glocke nicht in Bügel, sondern im Glockenstuhl
montiert. Höhe 49 cm.
Germanisches Nationalmuseum, Nürnberg.

57 Frühe Hausuhr, als Türmeruhr von St. Sebald bekannt, um 1400.
Für 16 Stunden-Anzeige ausgelegt (sehr selten); Flachrahmenbau; Aufzug mit Gegen-
schnurzug; Markierung jeder ganzen Stunde durch kurze Weckertätigkeit, Wecker mit
Spindelrad und Spindelhammer, Auslösung vom Walzenrad stündlich mit Stift auf Storchenschnabel, Auslösehebel gibt Nocken an Spindelrad frei, dieses mit Herzscheibe,
nur eine Umdrehung nach jeder Auslösung. Höhe 43 cm.
Germanisches Nationalmuseum, Nürnberg.

56 Gotische Wanduhr, wahrscheinlich italienisch, 14. Jahrhundert.
◁   Flachrahmenbauweise, Knebelaufzug. Drehbares Zifferblatt außen gezahnt, Zeitangabe
unten. Wecker: ein noppenbesetzter Hebel wurde auf jene Stunde gestellt, bei der man
geweckt werden wollte, traf nun die Noppe auf den Zeiger, wurde das Läutwerk
ausgelöst (durch hin- und herschwingende Schelle).
Privatbesitz Mailand.

58 Gotische Gewichtsuhr (italienischer Typus), Ende 14. Jahrhundert.
Messing und Bronzeguß; Zifferblatt dreht sich. 24 Stunden Zeitablesung an geflammter
Zunge; Weckerwerk mit Spindelhemmung auf Glocke, Auslösung durch großen schrä-
gen Zeiger. Gewichtsaufzug mit Gegengewicht. Die vielumstrittene profilierte Boden-
platte wohl original.
Capitani Simoni, Bologna.

59 Ausschnitt aus dem Gemälde »Verkündigung« von Filippo Lippi, um 1450.
Darstellung einer eisernen Wanduhr, Flachrahmenbauweise, 24-Stunden-Zifferblatt,
feststehender Zeiger; nur Gehwerk vorhanden, Knebelaufzug.
Museo Civico, San Gimignano.

60 Ölbild, 15. Jahrhundert.
Typus einer toskanischen Uhr um 1490. Flachrahmen, ganz offen, große Waag, Glocke; drehbare kreisrunde Scheibe mit Zähnen am Umfang, festes Zentrum; Zeigermarke am höchsten Punkt.
San Domenica, Bologna.

61 Wanduhr, wohl italienisch, Anfang 16. Jahrhundert.
    Flachrahmenbauweise, großes Zifferblatt dreht sich vor dem feststehenden Zeiger (oben
    auf Lilie fixiert). Wecker (Einstellen durch Einsetzen eines Stiftes in Zifferblattscheibe),
    Mechanismus einfach zu erkennen, auffallend große Waag. Höhe 40 cm.
    British Museum, London.

62 Intarsie von Mercantonio Luppi, 1512.   ▷
    Flachrahmen auf Sockel. Waag mit 2 Gewichten. Sich drehendes Zifferblatt mit 24-
    Stundeneinteilung.
    Chiesa di San Giovanni Evangelista, Parma.

63 Ausschnitt aus einem Fresko, Hl. Augustinus, von Botticelli in Ognisante, Florenz,
    1480.
    Flachrahmen, allseits offen. Kreisrunde Scheibe mit 24-Stundeneinteilung, dreht sich vor
    feststehendem Zeiger.

64   Ausschnitt eines Wandbildes, den »Triumph der Zeit« darstellend, Jacopo del Sellaio
zugeschrieben, Ende 15. Jahrhundert.
Flachrahmen, große Waag, Zifferblatt mit 24-Stundeneinteilung. Innen geflammte
Sonne, ca. 1480/1490.
Museum Bandini, Fiesole.

65 Intarsienbild eines geöffneten Schrankes von Fra. Raffaele de Brescia für den Chor von San Michele in Bosco, 1521–1525.
Flachrahmen, auf Ständer montiert, ganz offen, oben Glocke. Nach außen gekrümmte Waag mit zwei Gewichten. Zifferblatt: kreisrunde, sich drehende Scheibe, Zeiger am Rahmen fest; Weckerauslösung. ca. 1490.
Victoria and Albert Museum, London.

66 Frühe zweirädrige Hausuhr, Innerösterreich (?), um 1450.
Noch Hochkantrahmenbauart. Zifferblatt fehlt; Gehwerk nur zwei Räder; Aufzug mit
Gegengewicht; Weckerauslösung, Wecker mit Kurbeltrieb und schwingender Glocke
und Klöppel. Geschnitzte Figuren auf Waagbalken aus späterer Zeit (17. Jahrhundert).
Uhrenmuseum der Stadt Wien.

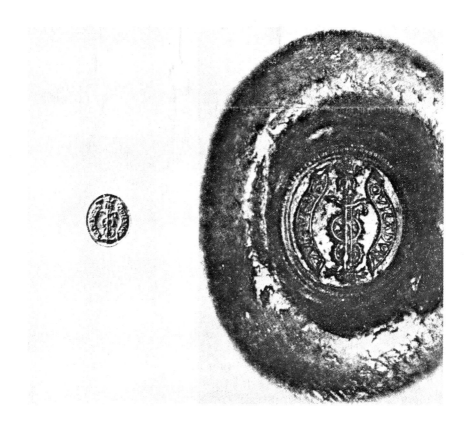

67 Siegel Albrechts VI. von Österreich, links in Originalgröße, rechts in dreifacher Vergrößerung, Österreich um 1445, verschollen.
   Die Intaglio-Arbeit stellt unter dem gekrönten Monogramm M eine mittelalterliche
   Räderuhr dar, seitlich mittelfranzösische Umschrift »QUILADUR ALEVERS«, auf
   zwei Spruchbandhälften verteilt. Flachrahmenbauweise, geschwungener Querbalken,
   rechtes Gewicht ist ausgebrochen (Bruchstelle).
   Sehr seltene Darstellung einer Uhr auf einem Ringstein.

68 Gotische Hausuhr (Wanduhr), süddeutsch (schweizerisch?), ca. 1460.
    Zifferblatt: Renaissance (ca. 1550), bemalt, oben zwei Schaffhauser Wappen, unten zwei
    des Schaffhauser Geschlechtes Armbruster. Ziffernring mit 10-Stundeneinteilung und
    Zeigerrad mit zehn Stiften. Der Verwendungszweck dieser Einteilung ist noch ungeklärt
    (kirchlicher Zweck?, Wächteruhr mit zehnstündiger Dauer?).

69 Flachrahmentypus (mit Aufhängekloben und Gestellstütze); nur zwei Räder mit sehr
    vielen Zähnen. Lange, rechtwinkelig abgekröpfte Waagunruhe (Gewichte fehlen). Am
    Walzenrad zwei Weckerauslösestifte für stündliches Auslösen; Arretierung am Spindel-
    radnocken. Das Originalzifferblatt war mit 12-Stundeneinteilung versehen und das Zei-
    gerrad mit 60 Zähnen und der Untersetzung 10 : 60. Am vorderen Lagerband kann gut
    festgestellt werden, daß durch Herabsetzen der Zeigerradwelle und durch Anbringen
    eines Zeigerrades mit 50 Zähnen (Untersetzung 10 : 50) die Umstellung auf 10-Stunden-
    lauf auf einfache Art erreicht wurde. Auf den Zähnen ist noch die Körnermarkierung
    deutlich zu sehen. Höhe 46 cm.
    Schweizerisches Landesmuseum, Zürich.

70 a, b   Spätgotische Hausuhr, ca. 1500–1520. Zifferblatt von Renaissanceuhr (ca. 1550). Löcher der ursprünglichen Befestigung sichtbar. Schlagwerkauslösung ursprünglich mit Stift vom Walzenrad, jetzt zwölfteiliger Stern auf dem Stundenzeigerrad aufgesetzt, der mit Hebel die Schlußfalle betätigt. Der im Inneren des Strahlenkranzes senkrechte Lagerträger für den Zeiger ist eine spätere Zutat, wodurch das Weckerwerk nicht mehr eingestellt werden kann. Flachrahmenbauweise mit seitlichen Auslegern zur Lagerung der Schlagwerkhebel und Hammerhebel. Gehwerk mit drei Rädern. Schlagwerkauslösung ursprünglich mit Stift vom Walzenrad aus über Storchenschnabel. Schloßscheibe fehlt. Ursprünglich war ein Wecker vorhanden, die Löcher für Lagerbügel zu Spindelrad und Spindel am oberen Gestellband sind gut zu sehen.
Burg Greifenstein, Niederösterreich.

71 a, b Spätgotische Wanduhr, deutsch, ca. 1500–1530.
Eiserne Wanduhr einfachster Konstruktion. Das Räderwerk ist in ein Rahmengestell eingebaut, das mit Keilen zusammengefügt ist. Zifferblatt in Form einer Wachturmfassade. Waagunruhe, Stundenschlagwerk, innenverzahnte Schloßscheibe; Kloben zum Aufhängen, Gestellstutzen.
Sammlung Kellenberger, Winterthur.

72 Gehwerk einer kleinen eisernen Flachrahmenuhr, Österreich (?), nach 1550.
Zifferblatt fehlt, Befestigung unklar; Glocke und Hammer fehlen. Füße durch gespalte-
nen Lagerrahmen interessant. Spätere Drahtspindel; Holzfoliot und Galgen. Auffällig
primitive Zahnräder.
Sammlung Kuppelwieser, Salzburg.

73 Besonders schöne Hausuhr, deutsch, ca. 1530 bis 1560.
Flachrahmenbauweise; Originalzifferblatt mit Allianzwappen, am Zifferblattbogen fehlen seitlich zwei Zierknöpfe. Originalzeiger, auf Stundenzeigerrad aufgenietet (frühere
Bauweise); Gewichtsantrieb; Wecker-Auslösung durch Einschraubstift vorhanden (selten), Weckerabstellung am Spindelradnocken, Weckerhammer ausgehängt (zu weit unten). Sehr typische gotische Glocke mit gedrehten Profilen.
Landesgewerbeamt Baden-Württemberg, Stuttgart.

74 a, b Gewichtswanduhr, deutsch, ca. 1560.
Zifferblatt mehrfach übermalt, linkes oberes Eck ausgebrochen, Zeiger ergänzt
(Abb. a). Diese Uhr war ursprünglich sicher in einem eisernen Kästchen (eventuell
bemalt) eingebaut. Übergangswerk vom flachen Rahmen zur breiteren Type.
Schlagwerkauslösung ursprünglich vom Walzenrad aus.
Sammlung Giesler, Zürich.

75a, b Renaissance-Wanduhr, Nürnberg (?), ca. 1570.
Bemaltes Eisenblechgehäuse im Originalzustand. Abb. 75b rechts: Gelehrter in
Buch studierend, links: Astronom mit Quadrant, Beobachtungen machend. Diese
Uhr wurde ca. 1780 und ca. 1870 übermalt. Durch sorgfältiges Entfernen dieser
beiden Übermalungen konnte die Originalbemalung freigelegt und restauriert wer-
den. Die beiden späteren Anstriche haben somit die ursprüngliche Bemalung vor
Beschädigung oder vollständiger Zerstörung gerettet. Über dem Zifferblatt plasti-
scher Engelskopf (Automat). Zifferblatt mit astronomischer 24-Stundeneinteilung
außen und zweimal I–XII innen (sogenannte ganze Uhr), sehr selten! Das 24-
Stundenblatt und die Bilddarstellungen deuten auf Verwendung in der Hand eines
Astronomen hin. Flachrahmenbauweise, Gewichtsantrieb, Stundenschlagwerk, in-
nenverzahnte Schloßscheibe, Hammerschlag von innen. Automat: mundöffnender
Engel. Es handelt sich bei dieser Uhr um ein typisches Beispiel einer Renaissance-
Wanduhr in Rahmenbauweise mit bemaltem Eisenblechgehäuse, bei der sowohl die
schlanke, hohe Bauart als auch die Dekorationen und die Glockenbekrönung auf die
Zeit von ca. 1570 hindeuten.
Sammlung Kellenberger, Winterthur.

94

76 ab Wanduhr in bemaltem Gehäuse, deutsch, ca. 1560.
Rahmenbauweise, Übergang Gotik-Renaissance. Zifferblatt und Seitentürchen mit
sogenanntem spätgotischen Vorhangbogen und nach vorn gebogener Blütenknospe
als Abschluß, Bemalung am Zifferblatt teilweise ergänzt. Scharfkantig abgekröpfter
Glockenstuhl mit zum Teil noch gotisierenden Dekorationselementen. Gehwerk mit
Radunruhe; Stundenschlagwerk mit innenverzahnter Schloßscheibe, Hammerschlag
von innen. Kantig gefeilte Radachsen, an den Radnaben gotische Zacken. Früher
noch Weckerwerk.
Ehemals Sammlung A. Schenk, Winterthur, jetzt Sammlung Hertig, Lausanne.

77 a, b   Renaissance-Wanduhr mit ¼-Schlag, deutsch, um 1580.
Bemaltes Gehäuse, Datumblatt (oben) und Viertelblatt (unten), großes Zifferblatt
Ende 17. Jahrhundert mit Übermalungen, Seitentürchen Originalbemalung. Zeiger
später. Flachrahmen; ursprünglich Radunrast, Waagunruhe in jüngster Zeit eingebaut. Im 17. Jahrhundert auf Hakengang (Haken und Steigrad vorhanden) umgebaut (großes Zifferblatt). Weckerwerk fehlt. Zwei Originalgewichte mit Meister-
marke.
Sammlung Kuppelwieser, Salzburg.

Uhren in Prismenbauweise

78 Miniatur aus: »Horologium Sapientiae« von Heinrich Seuse, 1454–1488.
Links: große Uhr, seitlich offen, vorne bemaltes 24-Stunden-Zifferblatt, oben gotisches
Zierband. Beachtenswert ist die Seilübertragung von der Bewegung des Schlagwerks auf
den Hammer, die Glocke ist also räumlich vom Schlagwerk entfernt. Rechts: große Uhr
in Prismenbauweise, vier profilierte Pfeiler, allseitig offen, oben Radunruhe sichtbar.
Auf dem Tisch eine bemerkenswerte achteckige Tischuhr mit Federantrieb, bei der die
Schnecke deutlich zu erkennen ist, dazu verschiedene Sonnenuhren und ein Astrola-
bium. Eingriff ins Getriebe hat symbolischen Charakter und soll an Mäßigung ermahnen.
Bibliothèque Royale, Brüssel (MS. IV 111 fol. 13v).

79 Miniatur, verschiedene Berufe (Künste) darstellend, um 1470.   ▷
Rechts oben: Uhrmacher beim Einstellen einer Uhr. Prismenkörper, an der Wand hän-
gend, seitlich offen, Waagunruhe. Viereckiges, gemaltes, die Vorderseite ganz bedek-
kendes Zifferblatt. Nur Gehwerk, wahrscheinlich mehrere Gewichte.
Bodleian Library, Oxford (MS. Rawl. D 1220).

98

80 Tischuhr, Burgund (?), um 1450.
Sechseckiges Prisma, selten schönes Gehäuse aus feuervergoldeter Bronze: 6 Pfeiler in
zart gegliederten Fialen endend, davor je eine mit Dach bekrönte Figur auf Säule und
Sockel, dazwischen Bänder mit feinstem gotischen Maßwerk. Zifferblatt, Glocke und
Glockenstuhl fehlen. Werk: Eisen, Messing. Ursprünglich waren die Federtrommeln im
Sockel, später wurden die Schnecken durch Walzenräder ersetzt. Gehwerk und Schlag-
werk (rechts) um 90° zum Zifferblatt gedreht. Unterhalb der Grundplatte ist die offene
Lagerung für die Zapfen der Federtrommeln sichtbar. Diese Uhr wurde mehrfach um-
gebaut (so auch auf Pendel), wobei die später ergänzten Teile größtenteils wieder ent-
fernt wurden. Wegen ihrer großen Bedeutung sei diese Uhr hier angeführt!
Victoria & Albert-Museum, London.

81 Gedenktafel des Bartolomäus Heisegger, 1517, aus St. Marien, Lübeck.
Prismenbauweise, auffallend durch reiche Schmiedearbeit, besonders hohe Fialen mit
Kreuzblumen, feinstes gotisches Maßwerk. Gut sichtbare Glocke, rundes Zifferblatt,
ein Zeiger, seitlich offen, Räder ragen heraus, ca. 1480.
Museum für Kunst- und Kulturgeschichte der Hansestadt Lübeck.

82 a–c Hausuhr mit quadratischem Prismenkörper, steirisch, ca. 1460.
Sehr gutes Stück, grobkristalline Eisenstruktur, auffallend niedriger Glockenstuhl,
interessante, sehr stark profilierte, zum Teil abgekantete Pfeiler. Auffälliger Hammer
in Form eines Tierkopfes. Kein Zifferblatt, Zifferblattbefestigung nicht genau fest-
stellbar, Blatt nicht echt. Wecker fehlt. Originalunruhe mit einer Speiche im Gestell
eingebaut. Die Unruhe ist nicht, wie üblich, oben auf dem Werkgestell unterhalb der
Glocke angebracht (tiefer Glockenstuhl), sondern innen im Gestell (sehr selten).
Unruhe mit nur einer Speiche (ebenfalls sehr selten), damit die Unruhe eine große
Amplitude ausführen kann. An Spindelradnabe und Spindel bemerkenswerte gotische Formen. Auf der Rückseite innenverzahnte Schloßscheibe. Diese Uhr wurde
um 1935 bei einem Wiener Altwarenhändler, dort als Alteisenapparat bewertet,
erworben.
Sammlung Kuppelwieser, Salzburg.

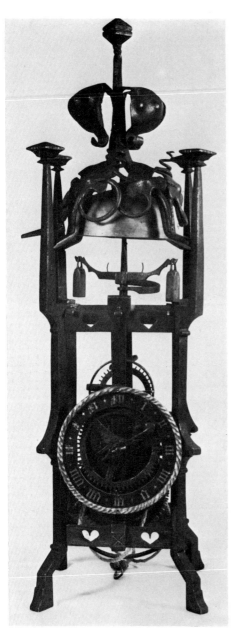

83   Gotische Zimmeruhr, steirisch, ca. 1460.
      Prismenkörper, profilierte Pfeiler, nach außen abgekröpft, extrem hohe Fialen. Reicher
      Glockenstuhl mit Ranken und Blättern, schöne Bekrönung. Originalzifferblatt in einfa-
      cher Ausführung, mit verdrilltem Reifen eingefaßt. Waaggewichte erneuert.
      Sammlung Giesler, Zürich.

85 Gotische Zimmeruhr, französisch, 1460/1480.
Beinahe kubischer Werkskörper, hochkant über Eck gestellte Pfeiler mit scharfkantigen
Profilen, sehr kurze Füße, oben in Fialen endend. Unterer Gestellrahmen hochkant
gestellt, oberer horizontal mit den Pfeilern verkeilt. Sehr hoher einfacher Glockenstuhl
mit Krabben in Form von Hundeköpfen. In der bekrönenden, unten geschlitzten Fiale
ist der durch Drahtzug angetriebene Hammer gelagert. Er schlägt von vorne auf eine

Forts. s. S. 106

84 Gotische Zimmeruhr, steirisch, 1470/1480.
◁   Sehr gutes Stück in feinen Proportionen. Seltenes Modell einer Pfeilerbauweise in Drei-
ecksform. An Stelle eines oberen Gestellrahmens ist hier auf der Abkröpfung eine
Bodenplatte eingelassen, an der auch die Lagerbänder verkeilt sind. Strebepfeiler oben
in steirischer Manier nach außen scharfwinkelig abgekröpft und in schlanken Fialen mit
Kreuzblumen endend. Reicher harmonischer Glockenstuhl mit Ranken, Blüten, Blatt-
kelch und Fiale. Ziffernring eingefaßt mit verdrilltem Reifen; Stundenzeigerrad mit
Einstecklöchern. Gehwerk mit zinnenförmiger Radunruhe; Weckerwerk.
Früher Burg Kreuzenstein, heute verschollen.

86 Miniatur in »Horloge de Sapience«, datiert 1406.
Prismenkörper, Gewichtsantrieb und Stundenschlag (Wecker). Viereckiges, gemaltes,
die Vorderseite bedeckendes Blatt, seitlich geschlossen; auf Säule. Uhrform wohl um
1380 entstanden. Es handelt sich hier um die früheste bekannte Darstellung einer Hausuhr. Das göttliche Eingreifen in das Räderwerk soll symbolisch an Mäßigung ermahnen.
Bibliothèque Nationale, Paris (MS 926/fol. 113).

---

zu   Turmglocke. Diesen Hammerantrieb und diese Glockenform findet man ausschließlich
85   bei frühen französischen Uhren. Einfaches, ganz im Gestell eingebautes Zifferblatt,
        unten mit verdrilltem Stab, oben mit Keil befestigt (auch für diese Provenienz typisch).
        Schmaler Zifferring und schlanker hellebardenförmiger Zeiger. Stundenrad mit Wek-
        ker-Einstecklöchern. Gehwerk mit Waagunruhe, Nabe des Spindelrades mit gotischen
        Profilen. Stundenschlagwerk, Schloßscheibe zwischen Geh- und Schlagwerk eingebaut.
        Keine Herzscheibe, sondern aufgenieteter Reif mit Einschnitt. Weckerwerk hier nicht
        innerhalb des Gehwerks, sondern seitlich angebracht. Auffallend schlanke Zähne mit
        großer Zahnlücke (für frühe Uhren dieser Herkunft typisch). An dieser Uhr wurden
        noch nie Umbauten vorgenommen. Diese wohl älteste bekannte französische Zimmer-
        uhr wurde in der Literatur irrtümlicherweise oft als deutsche Uhr bezeichnet. Sie unter-
        scheidet sich jedoch in ihrer ganzen Bauweise wesentlich von deutschen Uhren.
        Früher Sammlung Percy Webster, London, jetzt British Museum, London.

87   »Maria mit dem hl. Bernhard und einem Engel«, Kupferstich von Israel van Meckenem
        (gest. 1503). Französisch, Ende 15. Jahrhundert.
        Von diesem Kupferstich gibt es auch seitenverkehrte Reproduktionen. Maria als Him-
        melskönigin, Jesuskind schlägt mit Hammer auf die Glocke der Uhr. Prismenbauweise;
        freihängende Glocke. Seitlich offen (Räder ragen heraus), viereckiges, eingesetztes, die
        Vorderseite ganz bedeckendes Blatt, zierliche Bekrönung. In der Mitte des Zifferblattes
        ein Stern.   ▷

88   »Horloge de Sapience« von Joan de Souabe, Lille 1448.
        Prismenkörper, seitlich offen; viereckiges, gemaltes, die Vorderseite ganz bedeckendes
        Blatt mit Zeiger aus Mitte, Strahlensonne. Typisch französische Hammerbetätigung,
        große Glocke, Schlagwerk. Seitlich ist das Spindelrad und die Waagunruhe zu sehen.
        Bibliothèque Royale, Brüssel (MS Nr. 10981).   ▷

89–91 Miniaturen »Epitre d'Orthéa« von Christine de Pisan, 1450.
Abb. 89 Prismentypus auf Säule, vier säulenartige Pfeiler, seitlich offen, guter Einblick in das Getriebe. Einfacher Glockenstuhl, große Glocke, Hammerbetätigung von oben, Verbindung mit Werk über rückwärts verlaufende Schnur. Bemaltes, die Vorderseite ganz abdeckendes Zifferblatt, figürliche Darstellungen. Französischer Typus; Gewichte außen. Wahrscheinlich liefen die Gewichte im Schaft der breiten Säule und wurden nur zur Verdeutlichung des Textes sichtbar außerhalb gemalt. Bodleian Library, Oxford.
Abb. 90 ähnlich 89, nur allseitig offen.
Abb. 91 Uhr auf Sockel, vorne offen, kein Zifferblatt, oben Radunruhe. Die Schnüre verlaufen durch den durchbohrten Sockel (Säule). Göttliches Eingreifen soll stets an Mäßigung ermahnen.

Prologue de lacteur .

A treffainte et bieneureu
fe louenge et magnificence
de noftre doulx faulueur
Jhefucrift et de fa trefdoul
ce et glorieufe mere qui font la princi
pale caufe de toute bonte et de toute bo
ne operation Et fans lefquelz nul bie
ne puet eftre commencie ne acheue .

92 a

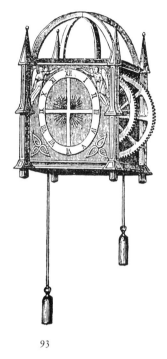

92 b   93

92 a, b   Miniatur in »Die Geschichte Olivers von Kastilien«, um 1440 sowie Detail Uhr.
          Prismenkörper, vier Pfeiler in fein profilierten Fialen endend, seitlich offen (Räder
          ragen heraus); viereckiges, gemaltes, die Vorderseite ganz bedeckendes Blatt, Zeiger
          aus der Mitte.
          Bibliothèque Nationale, Paris (MS. Nr. 12 574).

93   Darstellung einer Zimmeruhr, 15. Jahrhundert, französisch.
          Prismentypus, fast kubisch. Profilierte Pfeiler, seitlich offen, die ganze Vorderfront
          abdeckendes Zifferblatt, bemalt, fest in Rahmen eingebaut; zwei Gewichte. Oben
          glockenstuhlähnlicher Abschluß, keine Glocke.
          Bibliothèque Nationale, Paris.

94   Miniatur: »Der Abt Filastre überreicht Philipp dem Guten von Burgund die Handschrift
      Chronik«, Burgund, Anfang 15. Jahrhundert.
      Prismenkörper, ganz geschlossen, viereckiges, gemaltes, die Vorderseite ganz bedecken-
      des Blatt mit Zeiger, ca. 1430.

95 Miniatur aus: »Die guten väterlichen Lehren«, ca. 1450.
Prismenkörper, an der Wand aufgehängt; seitlich offen (Räder ragen heraus). Vierecki-
ges, gemaltes, die Vorderseite ganz bedeckendes Blatt; ein Zeiger.
Bibliothèque Royale, Brüssel (MS 10986 fol. 1 re).

96 Miniatur: Die Kardinaltugenden. »Die Nicomachische Ethik« des Aristoteles, 1452.
Prismenkörper, vier Pfeiler in Fialen endend, oben und unten auf drei Seiten Zierband,
große Glocke. Eingesetztes, bemaltes, die ganze Vorderfront bedeckendes Zifferblatt.
Bibliothèque Municipale, Rouen (MS. fr. I, 2, 927, fol. 17 v).

▷

97 »König René in seinem Arbeitskabinett«, sogenannte Philosophenminiatur, französisch,
ca. 1490.
Prismenkörper, ganz geschlossen. Gemaltes Blatt, die ganze Vorderseite bedeckend, ein
Zeiger.
Bibliothèque Nationale, Paris (HJ. Nr. 19 039/fol. 201).

98 Miniatur im Codex »De Sphaera« (Ambrogio de Predis?), Mailand ca. 1480.
Zwei Prismenkörperuhren, eine zumindest seitlich offen. Viereckige, gemalte Zifferblät-
ter, die Vorderseite ganz bedeckend.
Estensische Bibliothek, Modena.

99 Erste gedruckte Wiedergabe einer mechanischen Uhr, das »Zitglögglyn«, Holzschnitt
   von Bertholdus, Basel, 1492.
   Prismenkörper, reich gegliederte Pfeiler, durch Figuren bekrönt. Glockenstuhl mit großer Glocke und Hammerbetätigung von oben; Schlagwerk. Großes, kreisrundes Zifferblatt für 24 Stunden, in der Mitte flammende Sonne. Kein Zeiger. Französischer Typus.
   Dr. Lengellé, Schweiz.

100 Titelblatt des »Zeitglöcklein« von Bertholdus. Druck von Friedrich Kreußner, Nürnberg, 1493: »Das andechtig zeitglocklein des lebens und leidens Christi. Nach den vierundzweinzig stunden außgeteilt.«
Prismenkörper, reich gegliederte Pfeiler, durch Figuren bekrönt. Glockenstuhl mit großer Glocke und Hammerbetätigung von oben. Schlagwerk; großes, kreisrundes Zifferblatt für 24 Stunden, in der Mitte flammende Sonne, kein Zeiger. Französischer Typus.
Nur geringe Abweichungen vom Schweizer Holzschnitt 1492 (Abb. 99).

101 a, b Gotische Uhr, süddeutsch, 1460/1470.
Sehr schönes Beispiel einer gotischen Uhr im Prismentypus zur Aufstellung auf
einer Holzkonsole. Strenge, klare architektonische Formen, Dekor auf ein Mini-
mum beschränkt. Der Glockenstuhl und die Strebepfeiler sind mit dem Gestellrahmen durch Keile zusammengehalten. Zifferblatt in Form eines schmalen Ringes,
der mit einem verdrillten Reifen eingefaßt ist. Stundenzeigerrad mit zwölf Löchern
für den Weckerauslösestift. Seitlich links der Kipphebel zum Richten der Uhr
(hebt den Lappen aus dem Eingriff). Seitlich angeordneter Wecker frühester Konstruktion (Auslösehebel fehlt). Auf der Rückseite sind die Details des Stunden-
schlagwerks ersichtlich: Schloßscheibe mit Innenverzahnung, Windflügel und Ratsche zum Auslaufen der letzteren, kantig gefeilte Wellen der Schloßfalle und des
Schlaghammers. Radunruhe und Zeiger ergänzt.
Früher Sammlung Schenk, Winterthur, jetzt Sammlung Hertig, Lausanne.

▷

103 »Das Gute und das Böse bei den Sterbenden«, Holzschnitt ca. 1470, signiert D. S.
Prismenkörper ganz offen, kreisrunder Ziffernring, kleiner Zeiger am Stundenrad,
seitlich offen.

102 Handzeichnung aus dem Hausbuch des Fürsten von Waldburg-Wolfegg-Waldsee, deutsch, gegen 1480.
Älteste Darstellung einer Gewichtsuhr im deutschen Schrifttum. Prismenkörper ganz offen; Glockenstuhl mit Krabben; Pfeiler in Kugeln endend. Kleines kreisförmiges Zifferblatt, Zeiger aus Mitte. Uhrmacher mit einem Sonnenquadranten.

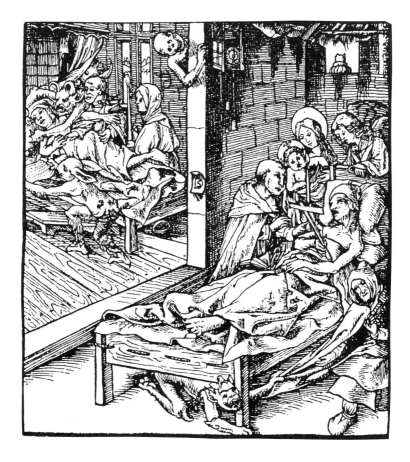

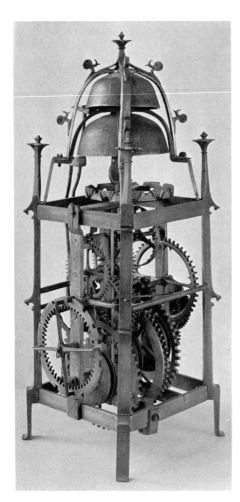

104a, b Gotische Zimmeruhr, süddeutsch, 1470/1480.
Sehr gutes Exemplar. Prismentypus mit sehr strengen, scharfkantigen Pfeilern, mit
schlanken Fialen in Kreuzblumen endend. Zweiteiliger, winkelig abgekröpfter,
eleganter Glockenstuhl mit Krabben und Fiale. Drei Werke hintereinander angeordnet, Viertelstundenschlagwerk zwischen Geh- und Schlagwerk. Gehwerk mit
Spindelgang, originale Radunruhe in Form eines gotischen Zinnenkranzes (Fadenschlaufe der Spindel auf Bild ausgehängt). Zeigerwerk nicht ursprünglich, Spindel
ergänzt. Innenverzahnte Schloßscheibe. Ursprünglich Storchenschnabelauslösung,
jetzt vom später eingebauten Minutenzeigerwerk aus. An den Radkränzen schöne
gotische Zackenverzierungen. Inneres Lagerband vom Gehwerk nach innen abgekröpft, damit die Spindel nach dem Werkzentrum gelagert werden konnte. Achszapfen des Spindelrades in Bügel gelagert.
Ursprünglich Sammlung Bassermann-Jordan, jetzt Bayerisches Nationalmuseum,
München.

105 Beschreibung s. S. 124. ▷

106 Gotische Wanduhr, deutsch, um 1470.
Prismenbauweise, vier profilierte Pfeiler, oben kreisförmige Scheibe, darauf auffallend schöner Glockenstuhl mit gotischen Spitzbögen und Rankenwerk, nicht zugehörig. Großes, durchbrochenes Zifferblatt und Zeiger sind spätere Ergänzungen. Radunruhe, Einzeigerwerk, Gewicht mit Schnuraufzug. Stundenschlag auf Glocke, die fehlt. Höhe 29 cm.
Zittauer Sammlung, Leipzig.

107 Spätgotische Hausuhr, süddeutsch, Ende 15. Jahrhundert.
Prismentypus. Mit Ausnahme der sehr kleinen Fialen hat diese Uhr keinerlei Verzierungen, Konstruktion und Aufbau präsentieren sich in außergewöhnlicher Klarheit.
Große Waag (Zahnzahlenverhältnis Walzenrad 96 zu Steigrad 45, durch einen Sechser-
trieb verbunden, ergibt eine Schwingungszeit von fünf Sekunden). Stundenschlagwerk,
innenverzahnte Schloßscheibe, großer Windfang. Die Betätigung des Hammers über
die Schnur zeigt bei dieser Uhr besonders deutlich, daß Hausuhren oft großen Turmuhren nachgebaut wurden.
Württembergisches Landesmuseum, Stuttgart.

108 Gotische Zimmeruhr, deutsch, 1470/80.
Diese Uhr wurde in den zwanziger
Jahren auf einer Auktion in Luzern
versteigert. Im Katalog wurde vor allem der zweifach abgestufte Glockenstuhl, wegen seiner eleganten Proportionen und der feinen Fialen und
Kreuzblumen, hervorgehoben. Auch
die schönen, tief gewölbten Glocken
wurden erwähnt. Die Uhr wurde als
einziges, bis heute bekanntes Exemplar in dieser Konstruktion und Ausführung bezeichnet. Als diese Uhr
später bei einer Auktion in Bern wieder auftauchte, konnte Kellenberger
feststellen, daß zwar das Gestell echt,
der Glockenstuhl jedoch falsch war.
Da nur ein Schlagwerk vorhanden ist,
sind zwei Glocken sinnlos. (Früher
wurde diese Anordnung und der Aufbau so interpretiert, daß der Halb-
stundenschlag auf die obere Glocke,
der Stundenschlag auf die untere Glocke
erfolgt sei, die Teile jedoch verloren
gegangen seien.) Gehwerk auf Spindelgang mit Pendel vor dem Zifferblatt umgebaut; Zifferblatt und Zeiger fehlen.
Standort unbekannt.

105 Gotische Hausuhr, deutsch, Ende 15. Jahrhundert. (Abb. s. S. 121).
Prismentypus, profilierte Pfeiler in Fialen mit Kreuzblumen endend. Schöner Glockenstuhl mit Krabben, zwei Glocken übereinander, äußerst fein gearbeiteter Schlaghammer. Zifferblatt oben mit Tudorbogen, bemaltes Eisen. Ziffernring, innen Weckereinsteckscheibe. Zeiger fehlt, Mondphasen. Vier Antriebe: Gehwerk, zwei Schlagwerke,
Weckerwerk.
British Museum, London.

109 Spätgotische Hausuhr, italienisch, um 1500.   ▷
a–d Prismenbauweise, Pfeiler mit sehr hohen feinen Fialen, Glocke und Glockenstuhl
später. Um 1700 Umbau auf Pendel, neues Zifferblatt. Große Schloßscheibe, ganz
ungewöhnliche Radkranzform wie bei der Uhr von Simoni.
Sammlung Prof. Marpurgo-Rom.

110 a–c Spätgotische Hausuhr, süddeutsch (Nürnberg?), um 1500.
Prismenkörper; sehr schlanke Fialen in besonders feinen Kreuzblumen endend.
Rechtwinkelig abgekröpfter Glockenstuhl mit Krabben und Fialen. Originalziffer-
blatt fehlt, hier eine äußerst schlechte Ergänzung. Der Windfang ist ebenfalls eine
unrichtige Ergänzung (Abb. 110 a); Wecker vorhanden, mit Vorwarnauslösung (!).
Gangrad und Spindel fehlen, war auf Ankergang umgebaut. Ungewöhnliche
Schlagwerkauslösung (Abb. 110 b): keine Schloßfalle, dafür am hinteren Lagerband
sich senkrecht bewegender sogenannter Schlagschlitten. Ein Nocken fällt in die
innen angebrachten Einschnitte der Schlageinteilung der nun außenverzahnten
Schloßscheibe. Im Germanischen Nationalmuseum in Nürnberg befindet sich eine
Nürnberger Uhr mit derartiger Schloßscheibe. Diese Uhr wurde 1939 im Doro-
theum, Wien, erworben (als Fälschung ausgeschrieben, Ausrufpreis 50,– RM).
Sammlung Kuppelwieser, Salzburg.

126

110b   110c

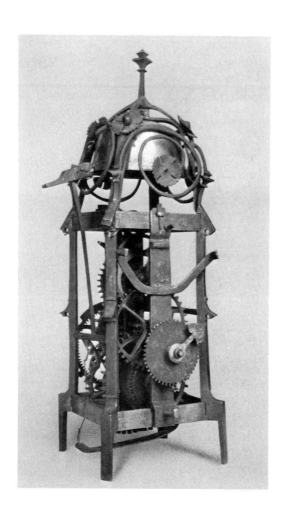

111 Spätgotische Hausuhr, süddeutsch, um 1520/1530.
Prismenbauweise; noch streng gotische Pfeiler mit nach außen gebogenen Fialen und
Kreuzblumen. Die Ranken mit Nelken am Glockenstuhl weisen auf die angegebene
Datierung hin. Zifferblatt fehlt, Zeiger ergänzt. Räder mit auffallend schmalen Rad-
kränzen.
Sammlung Kuppelwieser, Salzburg.

112a, b Spätgotische Hausuhr, süddeutsch, ca. 1500.
Prismenbauweise; Fialen der Gestellpfeiler fehlen (Schnörkel falsch!). Gesamter
Glockenstuhl ergänzt (in dieser Art reines Phantasieprodukt! Kreuzblume zu groß,
Glocken nachträglich eingebaut), Zifferblatt und Viertelblatt ebenfalls eine phanta-
stische Ergänzung (Viertelblatt in dieser Konstruktion müßte ohnehin angezweifelt
werden), hatte wahrscheinlich ein getrenntes Viertelblatt. Zeiger und Zeigerrad
falsch. ¼-Schlag (innenverzahnte Schloßscheibe hinten gut sichtbar), Hundeköpfe
als Hammer (original?). Inneres Lagerband vom Gehwerk nach innen abgeröpft.
Auffallend schmale, zum Teil profilierte Radkränze. Diese Uhr wurde 1935 in
Wien nach einem Photo einer ausgestellten Bauernstube erworben.
Sammlung Kuppelwieser, Salzburg.

113 a, b Spätgotische Hausuhr, deutsch, um 1500.
Auffällig strenge Stilmerkmale: Die sehr zarten Fialen sind bereits nach außen
gebogen, das Zifferblatt endet oben in einem sogenannten Tudorbogen (»Eselsrük-
ken«) und schließt mit schlanker Fiale ab, es ist mit spätgotischen Säulen bemalt.
Mondphasen, Stundenzeigerrad mit zwölf Löchern für Weckerauslösestift. Gehwerk mit Waagunruhe. Eigenartiger Schlaghammer. Werkansicht mit vielen er-
kennbaren Details: Hebel zum Richten, kantig profilierte Wellen, sehr exakt gearbeitete Räder mit Profilierungen und gotischen Einzelheiten, Schlagwerk mit Storchenschnabel-Auslösung und Vorwarnung, innenverzahnte Schloßscheibe, Windfang.
Sammlung Kellenberger, Winterthur.

114 a–d Spätgotische Zimmeruhr in sehr reicher Ausführung, französisch (Straßburg?),
datiert 1533.
Noch strenge, scharfkantig profilierte Pfeiler mit nach außen gebogenen Fialen und
Kreuzblumen, mit Gestellrahmen verhängt. Der in die Pfeiler eingehängte Glok-
kenstuhl ist mit diesem verkeilt, die Glocke ist typisch gotisch, tief gewölbt. Äußerst reiche Bekrönung mit Blättern, Rebranken und scharfkantig geschmiedetem
Blätterkelch. Oben drehbarer Tragring – ein früher Versuch die Gewichtsuhr an
verschiedenen Stellen plazieren zu können, dies nur bei französischen Uhren. Mit
schlanken Säulen eingefaßtes Zifferblatt mit Renaissance-Rundbogen, als Abschluß
gotisches Astwerk mit Blütenkelch. Bemalung rot, blau und gold; Mondphasen

und kleines Schauloch für Mondalter. Markanter, einfacher, scharf profilierter
Stundenzeiger mit Pfeilspitze und Halbmond; Weckereinstellscheibe, Wecker vorhanden. Radunruhe in Form eines gotischen Zinnenkranzes. Der Entwurf dieser
bemerkenswerten französischen Uhr ist zum Teil von deutschen Uhren beeinflußt. Im Gegensatz zu den deutschen Uhren ist diese weniger schlank, sondern
eher kubisch. Außerdem sind alle Teile (Achsen) äußerst sorgfältig und scharfkantig gefeilt mit zum Teil glattgeschliffenen Oberflächen. Als typisch französisch
sind das Verkeilen des Glockenstuhls, der drehbare Ring, die Säuleneinfassung des
Zifferblattes mit Renaissancebogen und die schmalen, aber dicken Lagerbänder
hervorzuheben.
Abb. 114c: Stundenschlagwerk mit Storchenschnabelauslösung und Vorwarnung;
die Schloßfalle ist mit kurzem Rohrstück auf der Welle des Vorwarnhebels leicht
drehbar gelagert, innenverzahnte Schloßscheibe.
Abb. 114d: Antrieb der Mondlaufscheibe durch zwei Schneckengetriebe: Erstens
eingängige Schnecke vom Stundenzeigerrad, zweitens fünfgängige Schnecke im
Eingriff mit 59-zähnigem Mondrad. Eine sehr seltene Konstruktion der Gotik.
Bemerkenswert: Hammerfeder nicht direkt auf Hammerwelle.
Sammlung Kellenberger, Winterthur.

114d

Der Vhrmacher.

Ich mache die reysenden Vhr/
Gerecht vnd Glatt nach der Mensur/
Von hellem glaß vnd kleim Vhrsant/
Gut/daß sie haben langen bestandt/
Mach auch darzu Hültzen Geheuß/
Dareyn ich sie fleissig beschleuß/
Ferb die gheuß Grün/Graw/rot vñ blaw
Drinn man die Stund vnd vierteil hab.

115 Darstellung einer Uhrmacherwerkstatt; aus dem Ständebuch von Jost Amman, Holzschnitt, 1568.
Prismenkörper, seitlich offen; gemaltes Blatt mit Mondlauf bedeckt die ganze Vorderseite; nach oben bogenförmiger Abschluß, einfacher Glockenstuhl.
Die Verse von Hans Sachs beziehen sich auf die Herstellung einer Sanduhr.

116a, b   Ölbild »Jesus bei Simon und den
Pharisäern« von Jean de Mabuse,
ca. 1500/1520 und Detail. Prismentypus, äußerst reiche Schmiedearbeit; bemalte Seitentürchen, aufgesetzter Ziffernring, hoher Glockenstuhl mit Glocke. Uhr ca. 1490/1500.
Musées Royaux, Brüssel.

117 a, b Spätgotische Eisenuhr, süddeutsch, datiert 1543.
Prismenbauweise, Originalzifferblatt mit Jahreszahl, Buchstaben im Wappen später hinzugefügt, Stundenziffern spätere Bemalung, Viertelstundenzifferblatt unter
Hauptblatt bemerkenswert; Zeiger spätere Ergänzung. Schöner Glockenstuhl.
Radunruhe mit Zinnendekor; inneres Lagerband von Gehwerk nach innen abgekröpft, um die Spindel mit Unruhe gegen die Werkmitte zu bringen. Achszapfen
des Spindelrades in Bügel gelagert. Viertel- und Stundenschlagwerk (Anordnung
hintereinander), je ein Glockenhammer rechts und links; innenverzahnte Schloßscheibe hinten.
Sammlung Dr. Gschwind, Basel.

118a, b   Kleinste spätgotische Zimmeruhr (Gesamthöhe 16 cm), süddeutsch, ca. 1550.
Prismentypus; Zifferblatt bereits mit Renaissanceformen und Bemalung, am Werk
noch gotische Merkmale. Die einfachen, in schlanken Fialen mit Kugeln endenden
Gestellpfeiler sind mit dem unteren Rahmen verhängt; zwei gegenüberstehende
Pfeiler oben vernietet, die zwei anderen zur Demontage von Schloßfalle und Ham-
merwelle verkeilt. Die Glocke sitzt auf dem nach oben verlängerten Galgen der
Spindelradaufhängung, kein Glockenstuhl, Stundenschlagwerk mit Storchenschna-
belauslösung. Vierkantige Achsnaben zur Radbefestigung, auffallend schlanke
Zähne!
Sammlung Kellenberger, Winterthur.

119 Spätgotische Zimmeruhr, Erhard Liechti, 1557.
Prismentypus; sehr schlanke Gestellpfeiler in Fialen mit runden Knöpfen endend; schöner Glockenstuhl, Glockenbekrönung mit Ranken, Rollwerk und Nelken. Zifferblatt mit gotischen Säulen bemalt, oben schon Renaissance-Zeiger mit Mond und Sonne, Stundenzeigerrad mit 12 Löchern für Weckerauslösestift, Mondlauf; signiert und datiert 15 E✳L 57. Gehwerk mit einfacher Radunruhe, Richthebel links sichtbar; Stundenschlag; Wecker. Älteste bekannte Arbeit des Winterthurer Uhrmachers Erhard Liechti.
Sammlung A. Schenk, Winterthur.

▷

120 Spätgotische Zimmeruhr in selten reicher Ausführung, Erhard Liechti, 1564.
Prismentypus. Die schlanken, zarten Eckpfeiler enden in Fialen mit Kreuzblumen. Auf der Deckplatte sind mittels Keilen vier weitere Pfeiler mit Fialen befestigt und tragen den in die Höhe strebenden zweiteiligen Glockenstuhl, hervorragende Kunstschmiedearbeit. Zwischen den Fialen vier kleine Tudorbögen mit aufstrebenden Kreuzblumen. Eigenwillig, aber typisch gebogene Schlaghämmer, Ende in Form einer Blüte. Innerhalb der Turmlaterne schwingt die kronenförmige Radunruhe. Höhe: 51 cm. Drei Werke, hintereinander angeordnet, Gehwerk, Viertel- und Stundenschlagwerk (hinten verzahnte Schloßscheibe sichtbar), Wecker, Mondphasendarstellung. Gehdauer 24 Stunden. Seitlich Originalrichthebel. Zifferblatt mit Originalbemalung, signiert 15 E✳L 64 (Erhard Liechti), Originalzeiger.
Sammlung A. Schenk, Winterthur.

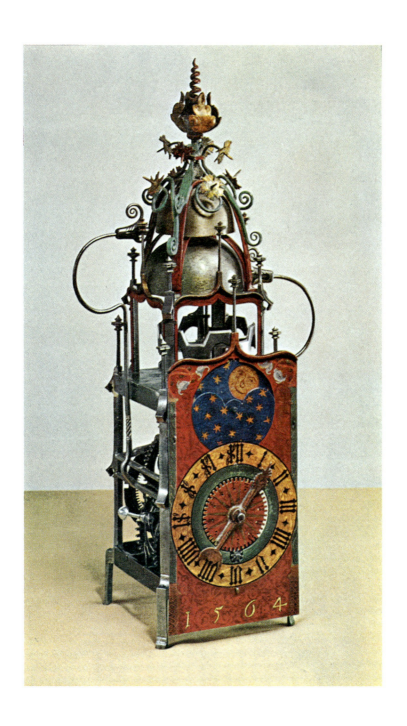

121 Holzschnitt von Jost Amman, um 1560.
Prismenkörper, ganz geschlossen, nur Gehwerk. Viereckiges, gemaltes Blatt, bedeckt
vordere Seite; ein Zeiger; oben Zinnen. Dazu noch auf dem Tisch eine Sanduhr und an
der Wand eine große Uhr mit Tierkreiszeichen.

122 a, b Spätgotische Zimmeruhr, Erhard Liechti, 1578. ▷
Prismentypus in wohl einmaliger, auffallend breiter, massiver Ausführung. Kräftige
Pfeiler, nach außen gebogene keulenartige Fialen. Winkelig abgekröpfter Glocken-
stuhl mit reicher Bekrönung (Ranken, Nelken, Kelch und Zirbel). An den oberen
Gestellrahmen beidseitig Rankenmotive eingepunzt und unten die Signatur
15 E✳L 78 (Erhard Liechti). Zifferblatt mit Tudorbogen und nach außen gebogener
Nelke. Das leider übermalte Blatt zeigt unten zwei Züricher Wappen und die Reno-
vations-Jahreszahl 1600. Diese Uhr war vermutlich ein Geschenk der damals unter
Züricher Herrschaft stehenden Stadt Winterthur an die Stadt Zürich.

Abb. 122 b: Gehwerk mit einfacher Radunruhe, Kipphebel zum Richten (links),
½-Stundenschlag vom Walzenrand des Gehwerks aus mit Storchenschnabel, Rück-
wärtsrichten möglich. Hammer gebogen (Schwanenhals); Stundenschlagwerk, Auslösung mit Storchenschnabel und Vorwarnung(!), einziges bekanntes Exemplar einer
Liechti-Zimmeruhr mit diesem Mechanismus; hinten innenverzahnte Schloßscheibe,
Windfang. Kein Wecker. Wohl besterhaltenes Exemplar! Sowohl Spindel oben und
unten, als auch Achszapfen des Spindelrades in Bügel gelagert.
Schweizerisches Landesmuseum, Zürich.

123 a, b Spätgotische Hausuhr, Erhard
Liechti, 1578.
Prismentypus; massive Pfeiler,
nach außen gebogene Fialen. Am
oberen Rahmenseitenteil ist ein
charakteristisches Rankenmotiv
eingepunzt. Am unteren Rahmenteil Signierung, diese ist jedoch
durch die spätere, gröbere Pun-
zierung – 1616 HH 64 – über-
punzt. Schöne alte originale(?)
Gewichte. Zifferblatt, Zeiger,
Glocke mit Kreuz, Glockenstuhl
und Konsole nicht original,
spätere Ergänzungen. Ursprünglich Radunruhe, auf Foliot umgebaut; Halbstundenschlagwerk;
Wecker fehlt.
Sammlung Kuppelwieser, Salzburg.

124 a, b   Spätgotische Hausuhr, Erhard
           Liechti, 1587.
           Prismentypus, reiche Ausfüh-
           rung. Kräftiges Gestell mit
           profilierten Pfeilern, Fialen
           und Kreuzblumen. Im oberen
           Gestellrahmen eingepaßte
           Platte, auf der vier weitere
           Pfeiler verkeilt sind, in die der
           schön verzierte Glockenstuhl
           eingesprengt ist. Zifferblatt
           mit Tudorbogen als Abschluß
           und nach außen gebogener
           Nelke, Originalzeiger, Wek-
           kereinstellscheibe, Mondlauf.
           Das Zifferblatt war mehrmals
           übermalt, beim Ablaugen ka-
           men sowohl der Name (wohl
           des früheren Besitzers von
           Hallwill) als auch zwei un-
           kenntliche Wappen zum Vor-
           schein. Im Jahr 1587 beabsich-
           tigte die Stadt Winterthur das
           Schloß Hegi zu kaufen, und es
           ist nicht ausgeschlossen, daß
           diese Uhr bei den Kaufver-
           handlungen als Geschenk
           diente. Rechts unten am
           Rahmenteil signiert:
           15 E✳L 87.

           Abb. 124 b: Gehwerk mit
           verzierter Spindel und kronen-
           förmiger Unruhe, seitlich He-
           bel zum Richten (links). Halb-
           stundenschlagwerk: Halb-
           stundenhammer (in Form eines
           Schwanenhalses und Wasser-
           speiers) vom Walzenrad des
           Gehwerks aus betätigt. Stun-
           denschlagwerk mit Storchen-
           schnabelauslösung, hinten in-
           nenverzahnte Schloßscheibe,
           Windfang. Mondlauf mit Stirn-
           rädergetriebe. Ursprünglich
           Weckerwerk, das später ausge-
           baut wurde.
           Sammlung A. Schenk, Winter-
           thur.

125 a, b   Hausuhr, Andreas Liechti, 1596.

Prismentypus; Pfeilerprofil nur mehr durchlocht, Fialen mit Kugeln. Glockenbekrönung nicht original. Zifferblatt von anderer Uhr, später eingesetzte Füllung innerhalb des Ziffernringes (erlaubt keine Einsteckweckerscheibe, Wecker war jedoch vorhanden), Mondscheibe fehlt. Waagunruhe, Vorwarneinrichtung und Windflügel sind nicht der Liechtiwerkstatt zuzuschreiben. Spindelrad und inneres Lager spätere Ergänzung. Stundenschlagwerk; wahrscheinlich in England umgebaut. Am rechten unteren Rahmenteil signiert: 15 A✳L 96 (Andreas Liechti I: 1562–1621).

Abb. 125 b: Zifferblatt der Uhr.

Höhe 43 cm.

Science Museum, London.

126 Zimmeruhr, Schweizer Arbeit(?), um 1600.
Prismenbauweise, Rundform. Flache , bogenförmig nach außen abgekröpfte Pfeiler in
nach außen gebogenen Fialen mit Kugeln endend; mit dem Rahmenkörper verschraubt.
Einfacher Glockenstuhl ohne Verzierungen, Originalglocke mit Zapfenbefestigung
(diese schlecht ersetzt); Zifferblatt fehlt. Höhe 28 cm. Radunruhe ohne Fadenaufhängung; Spindel im unteren Führungslager abgestützt; dieses mit dem Spindelradlager aus
einem Stück geschmiedete klobenförmige Lager ist am mittleren Lagerband, das obere
Spindellager am oberen Querträger angeschraubt. Stundenschlagwerk mit Storchenschnabelauslösung vom zwölfzackigen Auslösestern des Stundenzeiger-Rades aus. Sehr
solide Schweizer Arbeit, wahrscheinlich eines Zuger Uhrmachers (Brandenburger?).
Schweizerisches Landesmuseum, Zürich.

127 a–d Renaissance-Zimmeruhr, holländische Arbeit, 1580–1600.
Äußerst reich profilierte und elegant geschwungene Pfeiler, oben in Renaissance-
Manier nach außen abgekröpft, gespalten und gerollt. Auf Kugeln stehend und
mittels großen Kugelschrauben mit dem Rahmen verschraubt. Bogenförmiger
Glockenstuhl mit Blütenknospen. Rechteckiges Zifferblatt mit Viertel- und Stun-
denkreis, sehr typische Renaissancebemalung mit Wellenranken, Rollwerk, Frucht-
bündeln und zwei Wappen; Originalbemalung; später übermalt (siehe Abb. 127 b).
Elegante typische Renaissance-Zeiger (Eisen, stilisierte Tulpen) für Viertel und
Stunden. Zentrale Weckereinstellscheibe. Schön geformter Hammer. Späte Wieder-
holung einer offenen Stuhluhr der Gotik, aber im Renaissancestil. Die betont üppi-
gen reichen Formen lassen auf holländische Herkunft schließen.
Abb. 127 c zeigt den bemerkenswerten Hammer, äußerst elegant geformt, ebenso
die Hammerfeder. Hammerantrieb von horizontaler Welle durch Hebelübertra-
gung auf vertikale Hammerachse. Wecker in kleinem Gehäuse an der vorderen
Platine untergebracht. Gehwerk mit einfacher Radunruhe (Abb. 127 d). Stundenschlagwerk mit Vorwarnung, ohne Storchenschnabel, innenverzahnte Schloßscheibe; Windfang. Weckerwerk, Wecker-Einstellung mit zentraler Weckereinstell-
schraube. Rund profilierte Achsen, äußerst kräftige massive Räder, sehr exakte
saubere Arbeit.
Sammlung Kellenberger, Winterthur.

146

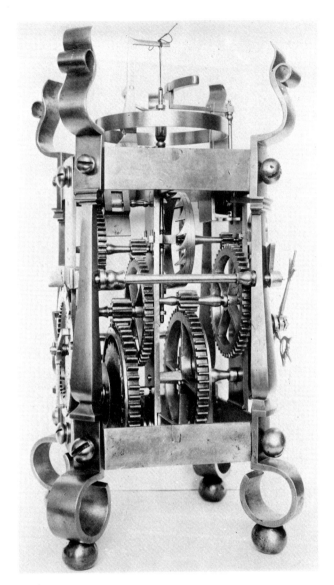

127d

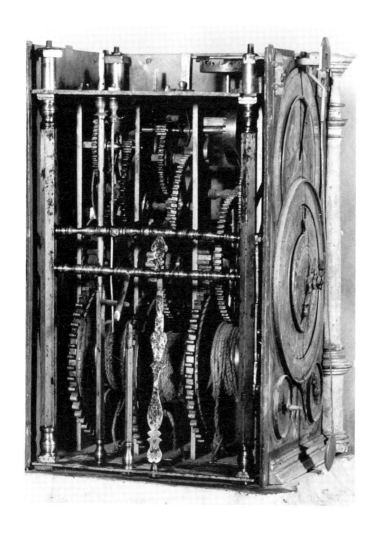

128 Gewichtsgetriebene astronomische Uhr (Bodenstanduhr), süddeutsch, 1580/1590.
Prismenkörperbauweise; achtkantige Pfeiler unten und oben mit rund profilierten
Konsolen; ca. 1700 auf Spindelgang mit kurzem Pendel umgebaut. Drei Werke hintereinander angeordnet; ¼-Schlagwerk. Räderachsen und Welle für Schloßfalle und Ham-
merwellen mit reichen balusterförmigen Verzierungen. Uhrkasten übermalt. Indikationen: Stundenzifferblatt I–XII (doppelt) und 1–24, Mond- und Sonnenstand im Tier-
kreis, Mondalter und Mondphasen, Wochentage, Monatstage, Tagesheilige. Bereits
1765 im fürstlichen Kunsthaus nachzuweisen.
Höhe 57 cm, gesamt 278 cm.
Staatliche Kunstsammlungen, Kassel.

129 a, b   Spätgotische Zimmeruhr, französisch, um 1600.
Kräftiges, breites Gestell, scharfkantig profilierte Pfeiler mit kurzen Kaffgesimsen,
in spitzen Obelisken endend; die breiten mit Zinn angelöteten Füße spätere Zutat.
Unten Hochkantrahmen (eingekeilt), oben Deckplatte (verzapft und verkeilt). Hoher, einfacher Glockenstuhl, in Obelisk endend, tiefe Glocke. Das Messing-Ziffer-
blatt direkt auf das Gestell aufmontiert, oben mit Deckplatte verzapft, unten im
Rahmen verschraubt (typische Vierkantschraubenköpfe). Einfacher Ziffernring,
das Innere mit Strahlensonne graviert. Stählerner Stundenzeiger in Vierpaßform,
fest mit der Weckerscheibe aus Messing verbunden. Über dieser drehbar der stab-
förmige Weckerzeiger, auf dessen Zeigerwelle hinter dem Zifferblatt ein kreuzför-
miger Stern den Auslösestift trägt (typisch französische Art). An den Ecken eiserne
Verzierungen in Form von Mond, Sonne, Stern und Engelskopf (den Wind darstellend) aufgenietet. Schlaghammer von innen die Glocke anschlagend, direkt von der
Blattfeder betätigt (nicht wie bei deutschen Uhren über Drahtzug; vgl. Abb. 114a).
Ganz eigenwillige individuelle Werkskonstruktion! Zwei Werke hintereinander mit
Eisenrädern, schlanke, spitze Zähne. Schmale, aber dicke Lagerbänder. Gehwerk

hatte ursprünglich Radunruhe ohne Fadenaufhängung; Spindel auf Stützlager (Waag, Spindel, Gangrad spätere Zutaten!). Oberes Spindellager mit gotischer Konsole mit Deckplatte verkeilt. Stundenschlagwerk mit Storchenschnabel, Auslösung vom Walzenrad aus. An Stelle der Herzscheibe seitlich an Zahnradkranz aufgenieteter Reif mit Ausschnitt, in den der Anlaufhebel einfällt. Die Schloßscheibe ist innerhalb des Lagerbandes gelagert (diese Anordnung erforderte bei Hebstiften und Herzrad je eine Lagerbrücke). Walzenrad des Gehwerks ist fast auf Höhe des Hebstiftenrades gelagert, wodurch der Achszapfen nicht direkt im schmalen Lagerband gelagert werden konnte, was eine dritte Lagerkonsole benötigte. Außerhalb des hinteren Lagerbandes war in vier schwalbenschwanzförmigen Einschnitten ein U-förmiger Lagerbügel zur Aufnahme von Weckerspindelrad und Spindel eingepaßt (heute verloren); deshalb das nach innen abgekröpfte Lagerband und die nach innen angebrachte Schloßscheibe. Ganz eigenwillige Konstruktion, wie man dies bei französischen Uhren ab und zu antrifft.
Sammlung: Theodor Beyer, Zürich.

130   Abbildung aus dem lateinischen Manuskript »Horologium emblematicum«, Anfang
       16. Jahrhundert, Frankreich. In diesem Manuskript sind einige symbolische Vergleiche
       enthalten, wie z. B. ». . . das Herz des Menschen ist wie der Zeiger einer Uhr . . .«
       Prismenbauweise, quadratisches Zifferblatt, hoher Glockenstuhl mit großer Glocke,
       Hammerbetätigung von vorne.
       Bibliothèque Municipale, Lille.

131 a, b   Spätgotisches Uhrwerk, süddeutsch, ca. 1550.   ▷
           Prismenbauweise; Waagunruhe; Stundenschlagwerk, Schloßscheibe innen auf Wal-
           zenrad montiert; Originalgewichte aus Stein mit Zeichen. Spätere Umbauten; auf
           Pendel umgebaut. Die Uhr soll die ursprüngliche Schloßhofuhr des Schlosses Neu-
           haus an der Donau gewesen sein, wo sie um 1928 als wertlos beiseite gestellt
           wurde.
           Sammlung Kuppelwieser, Salzburg.

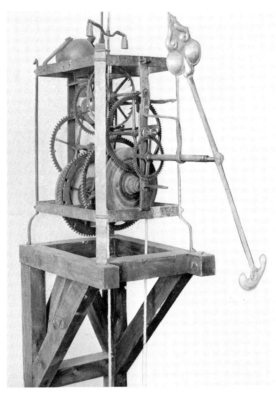

132 Werk einer Renaissanceuhr, süddeutsch, ca. 1580.
Prismenkörper, quadratischer Werkskörper; quergestellte Flachpfeiler. Später auf
Anker und Pendel umgebaut; Zifferblatt fehlt. Stundenschlagwerk; Weckerauslösung
mit Rahmen (ungewöhnlich); Glockenhalter fehlt. Grobe ländliche Schmiedearbeit.
Sammlung Kuppelwieser, Salzburg.

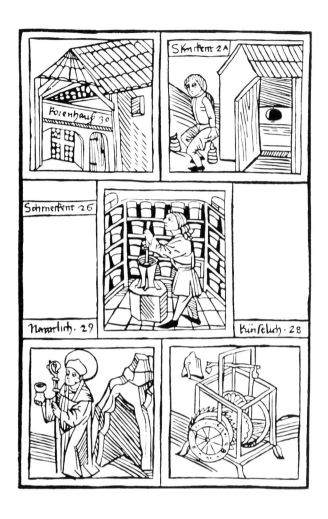

133 Holzschnitt des 16. Jahrhunderts.
Prismenkörper, fast kubisch; große Waag; allseitig offen; aufgesetztes kreisrundes Zifferblatt. Keinerlei Verzierungen, um 1520.

134 a, b Hausuhr, deutsch, 1591.
Prismenkörpertypus; Pfeiler in nach außen gekrümmten Fialen mit Kugeln endend, angeschraubt. Originalzifferblatt, datiert 1591. Späterer Umbau auf Kuhschwanzpendel (um 1700), Zeiger noch später. Einfacher Glockenstuhl; zentrale
Weckereinsteckscheibe, Wecker seitlich angeordnet (wie dies bei Renaissancetürm-
chenuhren üblich war). Seitliches Lagerband für Wecker, Werkshammer-Auslö-
sung gut zu erkennen. Stundenschlagwerk. Sehr einfache Schlosserarbeit.
Germanisches Nationalmuseum, Nürnberg.

135 Hausuhr, schlesischer Raum, Ende 16. Jahrhundert.
Prismentypus; schlanke Pfeiler aus Hochkanteisen mit gotisierenden Formen, unten
nach außen abgekröpft. Fialen in Spiralen endend. Zifferblatt fehlt. Sehr einfacher,
ungewöhnlicher Glockenstuhl, Viertelstundenglocke an einem einzigen Bügel aufge-
hängt. Drei Werke: Gehwerk, auf Hakengang und Pendel umgebaut, Viertel- und
Stundenschlagwerk. Alle Werke mit vier Rädern. Walzenrad und Hebnagelräder, je ein
Rad vorgeschaltet zur Verlängerung der Gehdauer. Zeigergetriebe auf Minuten- und
Stundenzeiger umgebaut.
Sammlung Landrock, Zittau (Sachsen).

136a, b Hausuhr, deutsch (wohl ländlicher Herkunft), um 1600.
Prismenkörper; flache Pfeiler in Fiale mit Eichel endend, angeschraubt. Originalzifferblatt, später übermalt. Zeiger ergänzt. Einfacher Glockenstuhl, Glocke ergänzt. Werk später auf Kuhschwanzpendel umgebaut. Stundenschlagwerk, innenverzahnte Schloßscheibe hinten angebracht, sehr primitiver Hammerantrieb. Wegen der rohen Schlosserarbeit wohl ländlicher Herkunft.
Staatliche Kunstsammlung, Kassel.

137 a, b   Renaissanceuhr, Schweiz(?), 1590/1600.
            Prismentypus; bemaltes Gehäuse, Bemalung datiert 1624. Zifferblätter getrennt für
            Viertel- und Stundenangabe; Weckereinsteckscheibe; Mondphasenscheibe und
            Stahlzeiger zur Angabe des Mondalters auf Messingreifen. Das bemalte Gehäuse
            mit Renaissancesäulen eingefaßt, Seitentüren unten mit Rollwerk-Ornament und
            allegorischen Darstellungen, oben mit Rundbögen und feinem Rankenwerk be-
            krönt. Unter der jetzigen Bemalung sind Spuren einer älteren zu erkennen. Zwei
            Glocken übereinander auf Ständer, kein Glockenstuhl. Gestell und Räder ganz aus
            Eisen.

Abb. 137b: Gehwerk ursprünglich mit Radunruhe, ca. 1700 auf Spindelhemmung mit horizontaler Spindel und kurzem, an Faden aufgehängtem Pendel auf der Rückseite umgebaut (Kron- und Spindelrad aus Messing, Spuren der Lagerbefestigung der alten Hemmung sind gut zu erkennen). Viertel- und Stundenschlagwerk. Storchenschnabelauslösung vom Viertelstundenzeigerrad aus. Mondantrieb mit Stirnrädern gut sichtbar. Lagerträger für Weckerwerk vorhanden, Weckerwerk verloren. Am Zifferblatt rechts außen am Mondalterreif länglicher Schlitz zur Aufnahme der Weckerabstellfeder. Die gedrungene breite Bauart und das sehr massive schwere Werk deuten auf eine Schweizer Herkunft.
Sammlung A. Schenk, Winterthur.

138 Renaissanceuhr, süddeutsch, 1600 bis 1620.
Prismenbauweise; gedrehte Pfeiler; Zifferblatt original (?); Weckereinsteckscheibe; einfacher Glockenstuhl. Stundenschlagwerk mit auffälliger Hammerbetätigung. Spindel neu; Spindelrad mit ungewöhnlichen, stiftartigen Zähnen, gerade Zahnzahl. Wecker, derbe ländliche Schlosserarbeit.
Sammlung Kuppelwieser, Salzburg.

139 Renaissanceuhr, süddeutsch, ca. 1600. ▷
Prismentypus; in bemaltem Eisengehäuse: Originalbemalung konnte freigelegt und restauriert werden. Zifferblatt mit konzentrischem Viertel- und Stundenblatt. Die zwei Zeiger in der Form den bemalten Ornamenten angepaßt. Zifferblatt und Seitentürchen mit Beschlagwerkornamenten bemalt, wie sie bei Intarsien oder aufgelegten Metallornamenten in der Renaissance verwendet wurden. Zwei Wappen des ehemaligen Herzogtums Schwaben. Bekrönung auf drei Seiten mit Balustraden und Rundbögen. An den Ecken auf Sockeln schlanke Obelisken. Drei Werke ganz in Eisen gearbeitet. Gehwerk ursprünglich mit Radunruhe, später auf Haken mit Sekundenpendel umgebaut. Viertel- und Stundenschlagwerk.
Sammlung Kellenberger, Winterthur.

 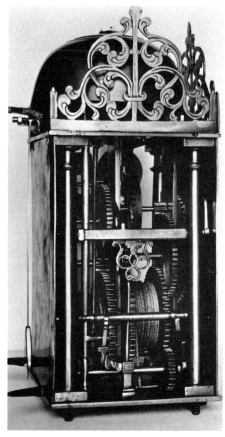

140 a, b   Barockwanduhr, Bern, 1707.
Prismentypus; noch strenges geschlossenes Messinggehäuse, mit lebendigen Barockranken graviert, oben drei durchbrochene Giebel; Stundenzifferblatt mit nur einem Stundenzeiger in Renaissanceform. Zentrale Weckerscheibe mit arkadenartigen Durchbrüchen. Typisches Beispiel einer Formenverspätung: diese Uhr könnte aus der Zeit von 1580–1600 stammen! Am oberen Giebel signiert J. Gilliér de B. (Bern), 1707. Werk zum Teil Eisen (rund profilierte Gestellpfeiler), Messingräder. Gehwerk mit Spindelchappement, dieses auf dem Gehäuse in Eisenkästchen untergebracht, Pendel auf Rückseite. Stundenschlagwerk und Wecker. Trommelaufzug mit Kurbel. Ein Gewicht mit eingebauter Seilrolle treibt Geh- und Schlagwerk. Schweizer Arbeit, französisch beeinflußt.
Sammlung Kellenberger, Winterthur.

141　Hausuhr im Übergangsstil, Spätrenaissance-Barock, Zürich, 1680–1700.
Prismentypus; Sockel und Zifferblatt aus Eisen, zum Teil bemalt. Aufgesetzter Ziffernring aus Kupfer, das Gehäuse seitlich überragend; in den Ecken vier aufgelegte getrie-
bene und vergoldete Cherubinköpfe. Schöne Zeiger: Stab aus Eisen, Tulpen aus Messing. Auf drei Seiten reich ausgesägte Giebel aus Messing mit Rankenwerk und Blüten
– der vordere zusätzlich graviert; in diesem kleines Regulierzifferblatt und Zeiger zum
Aufwickeln der Pendelaufhängeschnur eingelassen. Seitentüren Messing. Werk und
Räder ganz aus Eisen; zwei Gewichte; Gehwerk mit Hakengang und Pendel auf Rückseite; Stundenschlagwerk; Datumsangabe. Sehr sorgfältige Züricher Arbeit des Felix
Bachofen.
Sammlung A. Schenk, Winterthur.

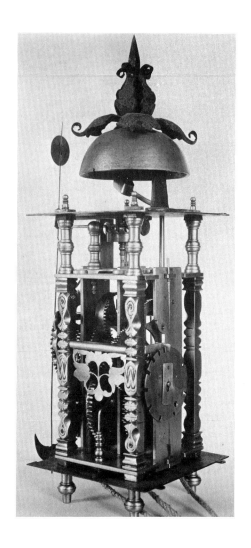

142 a, b Spätrenaissance-Zimmeruhr, Nürnberg (?), 1660/1670.
Prismentypus in bemaltem Eisengehäuse, Bemalung original erhalten. Noch
schlankes Gehäuse, auf drei Seiten mit durchbrochenen, mit Rankenwerk ausge-
füllten Rundgiebeln bekrönt, diese oben mit einer Blütenknospe abgeschlossen.
Der seitlich das Gehäuse überragende Ziffernring ist im Inneren mit Rankenmoti-
ven bemalt; auf den beiden Seitentürchen Originalbemalungen, die beiden Erzen-
gel, rechts Michael und links Gabriel, darstellend, diese Türchen sind auch auf der
Innenseite mit Frühbarockornamenten bemalt. Reich geschmiedete Glockenbekrönung. Sehr fein gearbeitete Stahlzeiger von außergewöhnlicher Form (zusammen-
gehörig?). Vor dem Zifferblatt schwingendes Pendel, im Original erhalten. Es
handelt sich hier um ein Pendel besonderer Art, wie sie im letzten Drittel des

17. Jahrhunderts ab und zu anzutreffen sind. Technisch sind sie als Zwischenstufe von der Waagunruhe zum eigentlichen Pendel anzusehen.

Das Werk ist mit Ausnahme einiger Zierteile ganz in Eisen gearbeitet; äußerst reich profilierte Gestellpfeiler mit zum Teil gemeißelten Ornamenten, im oberen Drittel balusterförmig gedrechselt. Gehwerk mit Spindelhemmung und bemerkenswerter Pendelkonstruktion. Stundenschlagwerk mit Storchenschnabelauslösung vom Minutenzeigerrad aus, hinten Schloßscheibe, sehr elegant ausgesägter Auslöseflügel mit Blütenmotiven. Diese äußerst sorgfältig gearbeitete Uhr ist wegen der reichen feinen Werksarbeit wahrscheinlich in Nürnberg entstanden.

Sammlung Kellenberger, Winterthur.

143 Barock-Wanduhr, ländlich, Zürich, um 1700.
Prismentypus; Messinggehäuse; Zifferblatt mit Stundenkreis innen, außen Viertel- und
Fünfminuten-Teilung, inneres Feld zart graviert. Zwei schöne Originalzeiger: Stab in
Eisen, Tulpe in Messing (für die Übergangszeit Renaissance-Barock typisch!). In den
Ecken vier Cherubinköpfe; durchbrochene Bekrönung mit Ranken, Blüten und Trach-
tenmädchen, zwei Wappen der Familie Muralt haltend, bei ihren Füßen kleines Regu-
lierzifferblatt, Zeiger dazu sitzt auf durchgehender Welle, an der das eine Ende der
Fadenaufhängung für das Pendel aufgewickelt ist. Drei Werke, drei Gewichte: Gestell
und Platinen aus Eisen, Räder aus Messing, Gehwerk mit Spindelgang und kurzem
Pendel (Rückseite); Viertel- und Stundenschlag. Züricher Arbeit des Felix Bachofen,
um 1700.
Sammlung Giesler, Zürich.

Literatur und Bildnachweis

Die Zeichnungen Nr. 12–15, 21, 27, 25 b, 33 und 36 wurden von Rudolf Ross, München, angefertigt.

Bassermann-Jordan, Ernst von/Bertele, Hans von, Uhren. Neunte Auflage, Klinkhardt & Biermann, München 1982. (Abb. 16, 23, 24, 83 a, 86 und 101).

Chapuis, Alfred, De Horologiis in Arte, L'Horloge et la Montre à travers les Ages, d'après le Documents du Temps, Scriptar S. A., Lausanne 1954. (Abb. 60, 64 und 94).

Jahrbuch des Vereins für Geschichte der Stadt Wien Bd. 15/16, 1959/1960. (Abb. 67).

La Pendule Française, Des origines à nos jours, Tardy-Lengellé, 6, rue Milton, Paris, o. J. (Abb. 18, 30, 34, 90, 91, 93 und 130).

Leopold, J. H., The Almanus Manuscript, Staats- und Stadtbibliothek Augsburg, Codex in 2° Nr. 209, Rome circa 1475– circa 1485, Hutchinson, London 1971. (Abb. 6, 17, 19, 26, 36, 39, 42–45).

Maurice, Klaus, Die deutsche Räderuhr, Zur Kunst und Technik des mechanischen Zeitmessers im deutschen Sprachraum. C. H. Beck, München 1976.
(Aus Band I Abb. 25 a, 37 und 41; aus Bd. II Abb. 20 ab, 28, 29, 51, 63, 80, 87 und 100).

Simonis, Antonio, Orologi italiani dal cinquecento all' ottocento. Villardi Editori, Milano 1965. (Abb. 62 und 66).

Die übrigen Fotos wurden freundlicherweise von den in den Bildlegenden angegebenen Museen bzw. Bibliotheken zur Verfügung gestellt oder stammen aus der Bildsammlung von Prof. von Bertele.